藝術2.0

熊倉敬聡

GEIJUTSU 2.0

Takaaki KUMAKURA

春秋社

はじめに　藝術2・0を探し求めて

「藝術2・0」？

なぜ「芸術」でなく「藝術」なのか。しかも、なぜ「2・0」なのか。

それは、従来、「芸術」「アート」「Art」などと呼ばれていたものとは異なる〝何か〟。もちろん「工芸」や「芸能」あるいは「民芸」「Craft」などと呼ばれていたものとも異なる〝何か〟。それら、人類にとって既知の創造性の形ではなく、おそらくはこれまで人類が知らなかった、しかし今や少数だが、知り始め、生み出しつつある者さえいる、人類にとって全く新しい創造性の在り方。そうであるがゆえに、私たち人類が未だそれを指し示す名をもたぬ〝何か〟。それをとりあえず「　」では済まないので、半ば苦し紛れにこう呼んでみたにすぎない。

私とて、以下に続く論を書き始めたとき、藝術2・0がどんな正体をしているのか、どこにあり、どんな人たちが行なっているのか、きわめて漠然としか察知していなかった。今思えば、いたって無謀な旅、賭けだった。頼るのは、直感。そして、いくつかのおぼろげな道しるべ。それに長年培ってはきたが、今回それがはたして有効かどうか定かでない、知と感性の航海術。それらを総動員しつつ、藝術2・0を探し求めて、一か八かの航海に出たのだった。

いくつかのおぼろげな道しるべ。少なくとも三つはあった。

一つ目は、道しるべというより、出発すべき「岸」のありか、そしてその岸へと私を導き、今や離れるべき「道」の所在、さらにはその道が敷かれた「土地」の広がり、私はそれらをはっきり悟っていた。その「土地」こそArt（なぜわざわざアルファベット表記にするか後で理由を述べる）であり、「道」はContemporary Artであり、そして出発すべき「岸」は（Contemporary）Artの末路、終焉の地であった。以下に詳しく論じるが、私は（Contemporary）Artが、人類の創造性の在り方としてもはや歴史的使命を終えつつある、という認識をもっている。だから、人類が新たな創造性の形を探し出すためには、何よりもこの（Contemporary）Artという「道」を去り、新たな航海に出なくてはならない、という、長年（Contemporary）Artを尋ね歩き、豊かな実りを堪能し、時には毒により身を滅ぼさんとした者だからこそ確信できた、それは認識だった。

二つ目は、京都という町に暮らし始めたことだった。私は、それまで生まれてこの方住み慣れた東京（近郊）から、この、同じ「国」の中にあるとはいえ、文化的にはおよそ懸隔している町に六年前から住み始め、見るもの、触れるものに、驚愕、感嘆していった。そもそも、この町には、Contemporaryとは全く異質な時間がいたるところくぐもっていた。Contemporary――語源的には「時間を共にする」という意だが、その実、資本主義的ロジックにより自らを限りなく「微分化」し、その無限小の差異が生み出す「利潤」を極大化しようとする「ナノ」的競争の時間――に逆流するように、自らを「積分化」し、千年余りも連綿と退蔵された時間が、Contemporaryな時間につきまとう底なしの影法師のように、日々の営みに寄り添い、息づいている。この「積分化」された時間には、無数の「型」が棲まっていて、それらが、人による物の扱い、身のこなしを暗黙に律する。しかも、それらの型には、幾代もの魂・精神が籠められているゆえ、それに則り物を扱い、身をこなすことが、その場を「浄める」ことにもつながる。そんな、およそ資本主義的時間とはいたって不和な時間が、今のこの世に「暗躍」している。だが、京都は単なる「古都」ではない。それら暗躍する型を内側から打ち破り、未知なる創造の形を生みだそうとする「変革」の潜勢力が蠢いている町でもあるのだ。単なるContemporary Artの術策ではない、個々の作り手たちが各々特異に培ってきた感性的《エステティック》・美的な「小さな物語」が、各々修業・修行してきた「型」とハイブリッドな婚姻を遂げ、単に「現代」的でも「伝統」的でもない、第三の「型破り」な〝何か〟を作りだしていく。そんな未知なる創造力を秘めた町でもあるのだ。

三つ目は、この〃何か〃の気配を感じていたのが、私だけではないことだった。私は、一昨年、「東アジア文化都市二〇一七京都」の市民連携プログラムの一つ、「PLAY ON, KYOTO」に関わった。その企画を練る会合で、各々捉えどころは違うが、〃何か〃の気配を察知している者たちが、他にもいることを知った。だが、会合を重ねてもなかなかその正体ははっきりしない。が、相変わらずおぼろげであるにしろ、話し合いの中で徐々に濃厚にはなっていく「気配」を、とりあえず「藝術2・0」などと名づけてみようということになった。そして、各々、京都で、「藝術2・0」らしきことを試みている者、約二〇名を様々なジャンルから挙げていき、インタビューし、タブロイド紙にまとめ、少しでも正体を暴いてみようとした。だが、それはそう容易く全貌を現してくれなかった。

これら、三つの「道しるべ」――一つ目には退路を絶たれ、二つ目・三つ目の〃何か〃の気配には、ふとした街角、さりげない言葉の端、あるいは何気ない物の佇まいのうちに香り立つたび、惹かれ、招き寄せられ、私は気がつくと、この、無謀な論の筆をとっていたのであった。

そうして、私は旅に出た。これらのおぼろげな道しるべを頼りに、そして自らが長年培ってきた知と感性の航海術を頼りに。そして、何よりも直感を信じて。

もちろん容易い旅ではなかった。道しるべと思っていたものに裏切られたり、靄が立ち込めひたすら待ちつづけたり、しかしまた、思いもよらぬ追い風をえて予想外の方向へと滑走したり、驚くべき偶然の（必然とすら思える）出逢いに恵まれたり。

そして、道すがら徐々に、幾たびか、二つの奇妙な形象が姿を現してきた。Ｖと◯だ。しかも、いびつなＶと◯だ。

どうやら、この二つの奇妙な形が、藝術２・０の正体を見極める鍵になるようだった。

藝術2・0

目次

藝術2・0

プロローグ　田辺元と野上弥生子

群馬県北軽井沢に、通称「大学村」と呼ばれる別荘地がある。昭和二年、当時の法政大学学長であった松室到が、自ら所有する広大な土地を、学者や芸術家らに分譲し、彼らの静謐かつ創造的な仕事・生活・交流の場を作らんとした、文化的に特異な別荘地である。この松室の主旨に共鳴した安倍能成、野上豊一郎をはじめとして、岩波茂雄、岸田國士・今日子父娘、芥川比呂志・也寸志兄弟、谷川徹三・俊太郎父子、そして野上の妻でもある野上弥生子などが、避暑を兼ね、学問や創作に励んだ。

「京都学派」の代表的哲学者の一人、田辺元《はじめ》もまた、一九四五年春京都大学退官後、終戦間際の七月に、妻ちよを伴って、それまで夏期の逗留に限っていた大学村の寓居を終の住処にすべく移住する。以降、一九六二年に没する前年、脳軟化症を患い入院するまで、冬期も下山することなく、住み続けることになる。

この、真冬ともなると卓上のインクさえ凍る厳しい寒さも祟ったのか、妻ちよは結核性肺炎に見舞われ一九五一年九月に亡くなる。ちよと懇意にしていた小説家野上弥生子は、経帷子を自ら縫うなど葬儀に際し心細やかなはたらきをする。長年の伴侶を失い、自失する田辺にも、野上は（前年自らも夫に先立たれた寂しさも手伝ってか）きめ細やかな心遣いで、その寂寞たる心を労わろうとする。そして、同年（一八八五年）生まれの二人は以後、次第に心を通わせながら、気候の穏やかな半年は週二回田辺が野上に哲学の個人教授をし、気候の厳しい残り半年は、東京・成城と北軽井沢の間で便りを交わしつつ、「師弟」の間柄にどこまでもプラトニックな恋情を忍ばせた、他に知る者とてない、密やかな逢瀬を重ねていくのである。

山小屋での逢瀬でいったいどんな言葉が交わされ、「授業」が行われ、心模様が描かれたかは、わずかに野上の日記から窺い知れるのみで、全貌は知る由もない。しかし、便りを交換しあった半年に関しては、二人の往復書簡が公刊されているため、二人だけに秘せられるはずだった互いへの思い、情のやりとりが、つぶさに読みとれるものになっている。

気候の厳しい、真冬ともなると零下二〇度を超えることもある月日は、周りに言葉を交わす者すらなく、孤絶する親愛なる「師」に、野上は持ち前の細やかさで、好物のカステラや鯛のみそ漬け、研究書や図録などを、こまめに贈り、少しでも冷え冷えとした独り住まいを温めようとする。贈るものとてない田辺も、丁重を極めた謝意を返礼しつづける。こうして、一〇年余りにわたり、少なくとも三五一通の手紙が交わされた。

ところで、田辺はなぜ、京都大学の教壇から、この交通もいたって不便な山奥の僻地に、身を移すことにしたのか。おそらく、それは、彼の「懺悔」の心がなさしめたことであった。田辺は弟子の一人に、移住の理由の一つとしてこう告白している。「自分は帝国大学の教授として、日本を今日の悲運に導いた応分の責任を感ぜざるを得ない。この責任を感ずれば感ずるほど、畳の上で楽な往生など遂げる資格はない(1)」。戦後最初の著書の題名が『懺悔道の哲学』であり、田辺は、その「懺悔」の奥底から自らの哲学を、この隔絶した地で、再構築しなくてはならなかった。その再構築した哲学こそ、「死の哲学」であった。

広島・長崎の災禍の記憶も覚めやらぬ一九五五年にはすでに原子力の「平和利用」と称して「原子力基本法」が成立する。田辺はこうして二六時中死に脅かされつづける時代を「死の時代」と呼ぶ。

西洋近代は、ルネサンス以来、生の解放と享楽を謳歌し、科学技術もそれを下支えしつつ発展してきたが、今や原子力技術に象徴されるように、逆に科学技術は生を絶えざる死の脅威に晒すものへと転じた。哲学もまた須らく、生の可能性を思惟する「生の哲学」であったが、今や科学技術に裏切られ、「のっぴきならぬ自己矛盾の窮地に追込まれて居る」。西洋近代の「生の哲学」が歴史的限界を迎えた今、「『死の時代』は当然に、『死の哲学』を要求するわけである(2)」。

田辺は「死の哲学」を（再）構築するにあたり、一見無縁にもみえる東西の二つの思想・詩想を手引きとした。禅の悟道と、フランスの詩人ステファヌ・マラルメの詩業である。

二つの限りなく疎遠ともみえる、「死の哲学」への導き手が、いかに田辺の粘り強い思惟の中で結ばれていくか、その軌跡を私たちは以下に続く論考の途上で見出していくだろう。しかも、見出すだけでなく、その結び手が、私がこれから「藝術2・0」と呼ぶものの探索の道すがら、意外な枝葉をあちこちへと伸ばし、「藝術2・0」を縁取っていくのをみるであろう。

田辺は少なくとも一九五九年年頭から、マラルメの本格的研究に没頭していく。そして六〇年五月まで、文学史上最も難解と名高い『イジチュール』と『双賽一擲』の翻訳・読解に文字通り全身全霊を捧げる。そして本人も「文学だか哲学だかわからない奇怪なもの」[3]、約四〇〇枚になる「マラルメ覚書」[4]を書き上げる。

この空前絶後の宇宙論的・哲学的詩業に憑いた「魔」に侵されたのか、田辺は翌年元旦に脳軟化症を発する。北軽井沢にある田辺への、野上の最後の「贈り物」は、病床へと駆けつける群馬大学病院の医師であった。

第1章　藝術2・0の方へ

なぜ「藝術2・0」と呼びたいのか

人類にとって全く新しい創造性の在り方を、とりあえず苦し紛れとはいえ名指すのに、なぜ「藝術2・0」なのか。なぜことさらに古字の「藝」を用いるのか？

そもそも日本で初めて「藝術」という語を発明し用いたのは、哲学者であり政治家でもあった西周《にしあまね》（一八二九―九七）である。彼は、Art の二種類――Mechanical Art と Liberal Art にそれぞれ「技術」と「藝術」という語を当てた。

術に亦二ツの區別あり。Mechanical Art and Liberal Art. 原語に従ふときは則ち器械の術、又上品の術と云ふ意なれと、今此の如く譯するも適當ならさるへし。故に技術、藝術と譯して可なるへし。技は支體を勞するの字義なれは、總て身體を働かす大工の如きもの是なり。藝は心思を勞する義にして、總て心思を働かし詩

文を作る等のもの是なり。(1)〔傍点筆者〕

なぜ西は、Mechanical Art に「技」を、Liberal Art に「藝」の字を当てたのか。彼は、それぞれの漢字の成り立ちに基づいて当てたのである。

技は則ち手業をなすの字意にして、手ニ支の字を合せしものなり。支は則ち指の字意なり。藝の字我朝にては業となすへし。藝の字元ト埶の字より生するものにして、植ゑ生せしむるの意なるへし。(2)〔傍点筆者〕

すなわち、西は、「文體を労して」「手業をなす」Mechanical Art =「技術」に比する形で、Liberal Art を「心思を労して」、いわば精神の種を「植ゑ」、作物を「生せしむる」術と解し、「藝術」という字を当てたのである。それは、あたかも (Liberal) Art という西欧伝来の精神の種子を、やはり元来は別の異国伝来の文字の形象力を借りて、日本という異種の文化的土壌に移植し生い茂らせようとする所作であった。

はたして、その後 (Liberal) Art は、西が願ったように、「藝術」として、日本という土壌に根づいたのか。それは、第二次世界大戦後、時の政府が「当用漢字」という政策の下に、「藝」の字に対して、その原義と真逆の意をもつ「芸」(=草を刈りとる意) という字を代用したように、(3) (Liberal) Art の原義と実体を忘却したまま、その

「代用＝芸術」で済ますことになったのではなかったか。数少ない真摯な「批評家」の一人、椹木野衣が説くように、(4)地震などの自然災害に絶えず見舞われ、「破壊と復興」を繰り返す日本列島という地質学的に「悪い場所」に、西欧という揺るぎない大地に根ざし生い育ったArtは、文化的にもしかと根づくことなく、いたずらにその代用品＝「芸術」ないし「アート」の「反復と忘却」を繰り返してきたのではなかったか。

それにしても、私はなぜあえて、人類にとって未知な創造性＝〃何か〃を、「芸」の古字「藝」を使って「藝術2・0」と呼びたいのか。その理由は、一つには、この国の「芸術家」が「反復と忘却」を繰り返してきた「芸術（アート）」と、それが明白に袂を分かつはずだと私が予感しているためであり、もう一つには、西がおそらくは一五〇〇年前Artにとっての未踏の地＝日本に望んだように、しかしこの度は全く別次元で、私はこの「藝術2・0」が、人類の創造性にとって未踏の地に「心思を勞して」、精神の種を「植ゑ」、作物を「生せしむる」術ではないかと、察しているからである。

しかし、なぜ「Art 2.0」ではなく「藝術2・0」なのか。

以下本論で詳しく論じるが、Artは決して人類に普遍的な事象ではなく、あくまで「西欧近代」という特定の時代・地域が作り出した歴史的事象である。それは（先き取り的にあえて極論すれば）精神が創造の「霊妙なる自律性」を探究し、宇宙の理《ことわり》の秘儀と合一せんとする脱自的=恍惚的《エクスタティック》だが、絶望的な実存の賭けであった。そうした気狂いじみた精神の冒険に、マラルメを初めとした一九世紀ヨーロッパの真摯なArtistたちは挑み、宇宙の創造主=神と格闘した末、玉座を簒奪し、宇宙創成の秘術を、自らの作品のうちに「ダウンロード」し要約せんとした（「この世界において、すべては、一巻の書物に帰着するために存在する」(5)。）だが、その宗教的かつ宇宙論的に「不敬」な冒険は、人間が所詮宇宙を（神の如く）（再）創造しえぬ宿命にある限り、万が一にも勝ち目のない、この上なく無謀な賭けであったがゆえに、無残に打ち砕かれ、精神は崩壊し、肉体もまた廃墟と化したのだった。

　このArtの、永遠にかなわぬ野望の真意と狂気を炯眼にも見てとった、もう一人の年若いフランス人、マルセル・デュシャンは、もはやその野望に唆されることなく、一転してArt全体、Artそのものを完膚なきまでに陵辱・粉砕し、同時に翻ってArtをいわばメタ言語化する「メタArt」ないし「Art 2.0」とでも言うべき行為=パフォーマンスに打って出る。それこそが、「レディメイド」、なかんずく『泉』（一九一七年）である。Artが絶望的に追い求めた宇宙的とも言える〈美〉の、およそ最も対蹠点にある「便器」をひっくり返し、Art作品と嘯かんとする劇作術を労して、Artの舞台にさりげなく差し入れた『泉』は、Artの〈外〉=Non-ArtをArtと僭称《せんしょう》しようとする逆説的な身振りによってArtそのものの存在理由を根底から問い直すとともに、その身振りを社会的に認知させることで、Artの領土を〈外〉へと拡張しようとするメタ言語的であると同時にいたって「植民地主義」的な行為であった（この「天才」的とも言えるロジックを世の評論家・学者たちは「Anti-Art」などと単純化した）。以降、メタArt = Art 2.0、すなわち俗に言う「Contemporary Art」は、このデュシャンのロジックを反復することにしか能がないように、いかにそれまでArtでなかったものをArtにするか、いかにArtの新しい〈外部〉を発見・発明し、それを〈内部化〉するか、その新しさ・アイデア合戦の如き場と化した。しかし、このArtのメタ言語的植民地化は、二〇世紀末、決定的な限界、終焉＝死を迎える。

ところが、二一世紀になっても、Art(2.0)は生き延びているように見える。それどころか、アート・マーケットを見やれば、かつてない繁栄を謳歌しているようにさえ見える。しかし、生き延び繁栄しているかのように見えるものは、実はArt(2.0)そのものではなく、亡霊と化した、ゾンビ化したArt(2.0)なのだ。元々西欧近代が資本主義的商品の「鬼子」として、いわば〈非商品〉（＝商品になりえない、売れない生産物）として作り出したArtは、今やその貨幣的価値の無根拠性ゆえに〈超商品〉に化けて、格好のマネーの投資先の一つとなっている。しかも、神

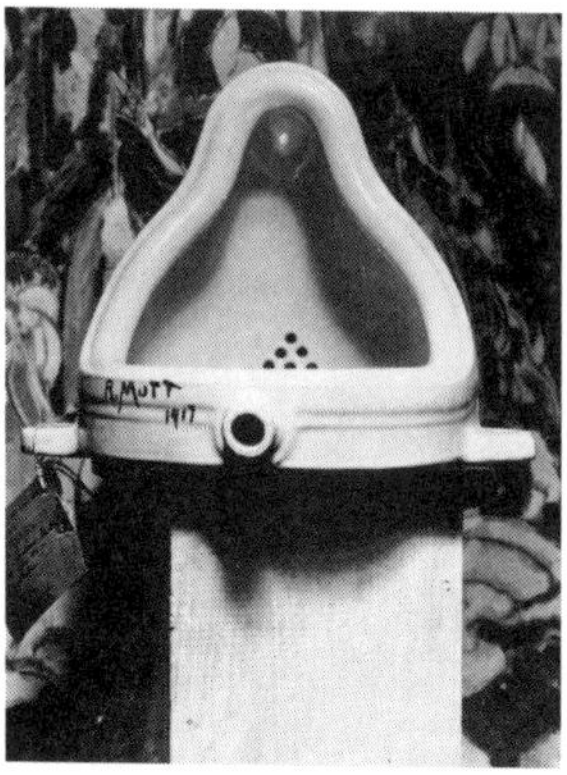

マルセル・デュシャン『泉』（1917－1950年、フィラデルフィア美術館蔵）

を殺してまで奪った創造性をことごとく空洞化され、その「美」的価値すらもはや(これまた無から信用創造された)マネーによって無から(信用)創造されるしかない、創造性の亡霊・ゾンビと化したArt(2.0)なのだ。

私がこれから探し求めていく藝術2・0は、もちろんこれらゾンビの亜種でもなければ、あるいはArt 2.0をさらにメタ言語化するような「Art 3.0」の如きものでもない。ましてや、Art(2.0)を擬態した代用品たる芸術(2・0)やアート(2・0)のヴァージョンアップでもない。

藝術2・0は、Artや芸術の成り立ちを承知しつつも、いやむしろ成り立ちをその臨界点にまで問い詰めつつも、颯爽とそれに別れを告げ、全く新しい未踏の地に「心思を勞して」、未知の創造の種を「植ゑ」、新種の作物を「生せしむる」術なのである。従って藝術2・0は、旧来のArtや芸術の諸「ジャンル」の内に立ち現れるものではないであろう。「藝術」という語が元々中国で「六藝四術」を意味し、人間の百般の才能を表していたように、藝術2・0もまた古代中国とは異なる形だが、Artや芸術を大きくはみ出る「百般の才能」が発現する場となるであろう。

しかし、それは現在未だ、Artや芸術のジャンルを含めた従来構造化されてきた文化の諸分野・カテゴリーに「紛れる」ような形で、つまり旧来の構造化された「目」には未だそれらの分野・カテゴリーに見紛う形で「正体」を潜めている。だから、それをしかと見極めるためには、私たちもまた「目」から構造化された物の見方を拭い去らねばならない。完全には不可能ながらも、「裸眼」で見、感じなくてはならない。以下の論＝旅は、私にとってもまた、そうした「目利き」となるための修行であった。

中川周士の桶ならぬ桶

何気ない物の佇まいのうちに香り立つ〃何か〃。それらの物の一つが、桶職人中川周士の作る桶ならぬ桶、なかんずくもはや「作る」と言うことすら難しい「依り代」というシリーズであった(6)。

中川は、現在、滋賀にある「中川木工芸比良工房」主宰であり、祖父が京都の白川通りに構えた工房「中川木工芸」の三代目に当たる。

彼は、父であり人間国宝である二代目中川清司の下で、約一〇年間、月曜から金曜の朝八時から夜一一時までは桶作り、土日は大学時代から続けていた鉄の彫刻作りを行っていた。工芸と現代アートという二足のわらじを履き、まさに分裂症的に創作活動を行っていた。転機は、二〇一二年。ドン・ペリニヨンからシャンパン・クーラーを作ってくれとオーダーされるのだ。そして中川は、数年にわたる試行錯誤の末、それまでの桶作りの伝統ではおそらくご法度であるはずの、尖った先端をもつ楕円の桶＝クーラーを作り出す。

そこから、中川の冒険が始まる。その冒険の核になる思想＝所作こそ、「あつらえ」

中川周士のシャンパンクーラー「このは」(写真提供:中川周士)

だ。通常、「あつらえ」は、客が自分の望む品を自分の好みに応じて職人に注文して作らせることを言うが、中川は、視点を逆転し、職人が客の要望に応えるように作る所作をそのように呼ぶ。つまり客があつらえる物を、職人も「あつらえる」のだ。そして(中川自身はそうした用法をしていないが)私の見るところ、彼は、客にだけでなく、彼が扱う素材にも「あつらえる」。説明しよう。

中川は、「型」から説き起こす。「型」とは、彼によれば、桶や皿などの「外型」にあるのではなく、木の「扱い方」にあると言う。中川が修業により体得した「型」が、目前の木の特異性、すなわち木としての「理《ことわり》」をもちながらも一本一本違うその木の特異性を見究め、「扱い」を微妙に変奏していく、それがまず素材への「あつらえ」だ。そして他方で、もう一つの「あつらえ」、客への「あつらえ」がある。「型」は、人としての「理」をもちながらもやはり特異な客の要望や好みに応じて自らを「あつらえ」なくてはならない。といっても、おそらく従来の「あつらえ」の幅は、伝統的に「型」が許容しうる範囲内だったことだろう。ところが、中川の「あつらえ」の振れ幅は、その伝統からみれば非常識なほどに広く、挑戦的なのだ。彼によれば、生物学的に例えると「絶滅危惧種」とも言える桶の「突然変異体」を、同時代の環境変化（＝木や客の変化）に応じて「あつらえ」、数多く作り出していく。その中の一個でも末長く生き長らえればいい、と彼は言う。異業種の、多様なクライアント、アーティスト、デザイナーとコラボレーションしながら、そして、今までは木目の歪みや節のせいで廃棄される運命にあった異形なる木片すら救い上げながら、中川の「型」は、絶えず臨機応変に自らを「あつらえ」、変異し続けるのだ。

さらに、中川の冒険は、物づくりを超えて、彼の暮らす地域の、ローカルなビジネスづくり、コミュニティづくりにまで及ぶ。彼は、桶づくりのような作業は、元々、桶職人という「プロ」の仕事ではなく、農民の農閑期の作業だったのではないかと考える。彼は、最近、地元の地域ビジネスを考える会を多様な職種の人たちと開きながら、活動の一環として体験型マルシェを月一回開催している。そこでは、彼のような「プロ」の職人が指導しながらも、プロではない老若男女が自分で自分のために木のスプーンやコースターを作る（私もバターナイフを作った）。中川は、究極の「あつらえ」の一つは、自分が自分のために「あつらえる」ことだと言う。こうして、古の農民が農閑期にしたように、人々が自分や家族や友人のために、様々なものを「あつらえ」ていく。「百姓」になっていく。そして、それらを贈りあう。あるいは、マルシエでやり取りする。こうして「あつらえ」あうローカルなコミュニティが生まれることを、中川は期待している。

そして「GO ON」。中川は、京都で彼同様に「工芸」を営みながらも、それを換骨奪胎し新たなモノづくりに挑んでいる若手五人と、この名を冠するユニットを立ち上げ、さらに多様な「突然変異体」を制作する実験を行なっている。一六八八年創業の西陣織「細尾」細尾真孝、開窯一六〇〇年の茶陶の名門「朝日焼」松林佑典、日本最古の手作り茶筒の老舗「開化堂」八木隆裕、一八九八年創業の竹工芸「公長齋小菅」小菅達之、そして京金網の老舗「金網つじ」辻徹。

彼らは、自分たちの新たなモノづくりの海外への浸透に力を注ぎつつ、多様なクライアントとの「あつらえ」の冒険を行う。たとえば、家電メーカーPanasonic Designとの、従来の「工芸」や「家電」の枠からみれば、ほとんど「野合」としかみえないコラボレーション。片や、何代も自分たちの血肉を注ぎ一点一点「型」を成し「あつらえ」てきた「職人」たち。片や、機械と人間との精密なる協働が同一物を大量に生産してきた「家電メーカー」。はたして「野合」といえど、本当に「合」することはできるのか。双方の経験と知恵と技が格闘した末出来あがってきたのが、たとえば、蓋の開閉に合わせて音がＯＮ／ＯＦＦし、掌で音の振動を感じる茶筒＝スピーカー。ＩＨからの非接触給電によって中の水を冷やし、回転水流を起こす桶。竹が不均一に絡み合う「やたら編み」からこぼれるＬＥＤ照明。生地に織り込まれた金銀箔がセンサーとなり音を奏でる西陣織のパーティション、などだ。そして、彼らは、その野合の様を、国際的なデザインの見本市「ミラノ・サローネ」にインスタレーションとして設《しつら》えた。

これらの「モノ」は、いったい〝何〟なのだろう。「工芸」にも、「家電」にも、はたまた「現代アート」にも見紛うばかりだが、そのいずれにも収まりきらない〝何か〟。

さらにまた、この「物体」は何なのだろう。到底「桶」には見えない。作業場の床にでも転がっていそうな木っ端にしか見えない。事実、そうだったのだ。ただ打ち捨てられ、焚き物になる運命にあった木片なのだ。

丸太から桶を作る時、割りガマという道具で木目に沿って割る。(7)真っ直ぐきれいに割れた所は桶の材料になるが、曲がっていたり節《ふし》がある所は桶作りに使えないので、焚き木にされていた。しかし、その曲がりや節は、木が成長するにつれ、何十年何百年もかけて、その木にしか体験できぬ、特異なミクロ・マクロな環境の変化によって、固有に形作られた曲がりであり節であるはずだ。

中川は、その、自然に唯一無二の〝異形〟に「神聖な美しさ」を感じると言う。それへの「敬意」を表すため、「依り代」という名を付けたと言う。

割りガマで割っただけの木片。せいぜい、空洞が穿たれているだけ。桶が天然素材を用いながらもひたすら繰り返される人為的作業の凝集物であるのに対し、「依り代」は、人為を限りなく省いた、「作」のミニマリズム、「無作の作」とも言いえるような代物である。そこでは「主役が木」、「目の前の木が何になりたいのかを考えかんじ」、それをただ助けるだけの、自然の聖体示現《ヒエロファニー》。

この到底「工芸」とは呼べぬ、「作品」とすら呼ぶのも憚られる無為なるモノに、私たちははたして「値段」など付けられるのだろうか。

そう。つまり「唯一無二」になったわけです。すべてが「一期一会」。定量の価格の付け方というのができなくなる。それこそ「時価の世界」になってくるんです。この木の、このカーブには二度と出会えないでしょうし、それに対して僕が価値をつけるというよりも、お客様がどうやって価値をつけていくのかっていうこと、つまり「出会い」ということだと思います。(8)

中川は気楽に語るが、彼はこんな「藝」も「術」もなきに等しい物体を、マーケットに何気なく差し入れ、実は「作品」の、そして「商品」の「価値」の根拠を根底から問い直そうとしているのではないか。

中川周士「依り代」(写真提供:中川周士)

これが、この、焚き木になる寸前で救われた木っ端まがいの物体が、私たちの探し求めていた藝術2・0なのか。すでに私たちは第1章にして、結論を得てしまっているのか。今の私は、「そうとも言えるし、そうとも言えない」という禅問答のような両義的答えしか言いえない。はたして終章を迎える頃には、この問いに十全に答えられているのだろうか。

第2章　Artの四つの「死」、そして…

日本にはArtがない!?

「どこにArtがあるの?」「どこにArtistがいるの?」——今なお、衝撃として残る言葉。ドクメンタX（一九九七年）のアーティスティック・ディレクターを務めたフランス人キュレーター、カトリーヌ・ダヴィッドが、その数年前、日本にアーティストのリサーチに来た時の発言である。私は個人的に彼女に会う機会があり、私も何人かのアーティストの名前を挙げたと思うが（誰を挙げたかは残念ながら記憶していない）、彼女には「Artist」には思えず、作品も「Art」には見えなかったようだ。「Art」の〝模造品〟（確かそのような表現を使ったように思う）にしか見えなかったようだ。

たかが二十数年前の話である。時すでに、森村泰昌やダムタイプなど日本のアーティストたちが徐々に欧米でも評価され始めていた時代である。おそらく、だからこそ、彼女もわざわざ「極東」の地にまでリサーチに来たのではなかったか。

カトリーヌ・ダヴィッドの発言は、確かに「衝撃」だったが、それは彼女の、日本のアートないしアーティストを見る「目」が差別的だったからではない。彼女の「目」に代表される、欧米のArt観がいまだにそれほどまでに「強固」なことに改めて「愕然」としたからである。

そう、彼女の「目」、そしてArt観は、まさに私が八〇年代から九〇年代初頭にかけて留学中、フランス（と西ヨーロッパ）で目撃し、学び、時には自らも心身を病むほどに深く体験したArtのそれ、そのものだったのである。

人類の創造性の最も豊かな部分は、最近まで、このArtに注がれてきた（とされている）。今なお、そう思い込んでいる人たちも少なからずいるであろう（はたしてカトリーヌ・ダヴィッドは今どう思っているのだろう）。しかし、現在、そしてこれからに関していえば、私は、そう思ってはいない。先述したように、人類の創造性は、今や決定的にArtから全く別な〝何か〟へと流れこもうとしているように感じている。その〝何か〟こそ、私たちがとりあえずぎこちなく「藝術2・0」と名指しているものだ。

そのArtと袂を分かつであろう創造性、藝術2・0のいまだまことに朧な像を少しでもシャープにするために、前章ではとりあえずArtから逆照射してみたが、その照射が仮初めだったため、この章では、さらにArtに深く踏み込み、その実相——日本ではしばしば非常に曖昧にしか理解されていないか、単に誤解しかされていない——を、自らの体験にも基づきながら、詳らかにしていきたい。そして、そこから藝術

2・0へと光を差し返してみたい。

第一の死――Artの霊妙なる自律性と、その瓦解

欧米のArtの世界で真摯に学び、活動する多くの人々にとって、Artは非常に「厳密な」ものである。それは決して人類に普遍的な創造行為ではなく、あくまで「近代」という特定の時代に、「西欧」という特定の地域で作り出された歴史的な概念であり実践である。

しかし、すぐさま反論が予想されよう。少なくとも「西洋」、そして「美術」に限っても、「西洋美術史」は、古代ギリシャから始まってルネサンスに至るまで、あまたの絵画や彫刻の逸品について、その「Art」としての意義を語っているではないか。確かにその通りである。だが、それら「近代」以前の制作物を「Art」として見、そこに「Art」としての意味や価値を見出してしまうのは、私たちが自分たちの目に知らぬ間に「近代」以降の概念的フレームを当てはめてしまっているからなのだ。

「近代」以前には、私たちが現在了解しているような意味でのArtという概念・実践は存在しなかった。私たちにとって「Art」作品、「絵画」「彫刻」などと見えるものは、制作された時代には、例えば宗教的な典礼ないし建築物の一構成要素にすぎなかった。そうでしかないものを私たちが「Art」として見てしまうのは、私たちが

（近代以降に成立し私たちにとっては自明と思っている）「Art」という概念を、それらの上に「投影」しているにすぎない。

では、西欧近代が作り出した歴史的な概念・実践であるArtの本質とは、何だろうか。それは、一言で言えば、創造の「自律性」である。しかし、その自律性は、例えば一部の「フォーマリズム」の信奉者が信じているよりも、美学的にも存在論的にも深遠かつ強度に満ちた自律性であり、（後述するように）究極的には自律性の探究が当の自律性を破綻させてしまうような逆説的な探究の性質なのである。

ところで、少なくとも「近代」以降に育った私たちにとって、Artという営みが「創造」行為である、ということは自明すぎるくらい自明であるだろう。ところが、近代以前のヨーロッパ、より正確に言えばキリスト教的世界においては、人間は「創造」してはならない存在であった。なぜなら、「神」のみが「創造する（creare）」のであり、人間はただ「制作する（facere）」だけであった。神のみが、無から（ex nihilo）創造し、創造された（人間を含めた）被造物はその限りではなかったのである。[1]

では、自身も人間であり、「創造」してはならない芸術家[2]の務めとは何か。それは「模倣」、神が「創造した」自然を模倣することだった。西欧近代における「芸術」の誕生を最も精緻に理論化している美学者の一人、小田部胤久《たねひさ》は、ドイツの哲学者クリスティアン・ヴォルフの哲学に基づき美学を展開したヴォルフ学派の理論を敷衍しつつ、芸術（家）が模倣すべき「自然の規範性」をこう説明する。

芸術とは、それ自体によって基礎づけられる自立的な営みではない。自然のみが芸術に規則を与え、芸術を正当化する。それゆえに、芸術家の作るものはすべて「自然の内に根拠を持つ」ことが要請され、「自然から逸脱した模像」の制作は否定される。芸術家が自然を「模倣」しなくてはならないのは、この自然の規範性、範列性ゆえである。(3)

この「芸術は自然を模倣する」という命題こそ、西欧キリスト教世界において近代に至るまでの創造概念を律した命題といえるだろう。

ではいったい、神が創造した自然を規範と仰ぎ、それを模倣するしか術がなかった芸術家が（ある意味で神に成り代わるような形で）「創造する」ようになるには、どのような〝転換〟が起きたのだろうか。その〝転換〟こそ、一八世紀から一九世紀にかけて西欧で思惟し創作した者たちの中で起こったことだった。

小田部は例えば、ドイツの美学者A・W・シュレーゲルが『芸術論』（一八〇二―〇三）で展開した、自然模倣説に対する批判を挙げる。シュレーゲルによれば、芸術家が模倣すべきは、「産出される」「外的自然」ではなく、自然が自ら「産出する」という意味での「創造的自然」である。そして、（芸術家に限らず）人間存在は（他の存在と異なり）自己を反省する能力を備えているがゆえに、宇宙（＝自然）が万象を創造する仕組みを、「宇宙の鏡」として自らの存在の内に反映し、かつそれを自らのうちで意識することができる。芸術家は、「この〔宇宙の〕反射が人間精神の内に再度自己を反射させる際の明晰性、エネルギー、充実、全般性」にとりわけ長けた者であり、だからこそ、芸術家は、宇宙の創造性（の反映）を、自己の創造性として「自己自身の内面の内に、自己の存在の中心点の内に、精神的直観を通して見出しうる」のである。(4)

この、神の創造性の「反映」を、自らの内奥からの〝もう一つの〟創造性へと読み換える〝転換〟こそ、西欧近代の芸術的・思想的俊英に起こった（その後の「芸術史」を大きく変える）歴史的出来事なのである。

しかしなぜ、そのような、神の創造性を「反映」した芸術家の創造性が「創造する」芸術作品が「自律的」となりうるのか。その「自律性」は未だ、神の創造性に（「反映」として）依存しているがゆえに「自律的」と言えないのではないか。

この「近代」「芸術」――いや（論を精緻にするため）再び私たちの用語法でArtと読みかえよう――の創造性の「自律性」をめぐる、矛盾とも見えかねない事態の内にこそ、実は「近代」のArtの霊妙なる秘術が隠されている。例えば、ドイツの詩人ノヴァーリスは、その晩年の『モノローグ』で、その「秘術」――彼にとっては真の言語の働きとしての「詩」のそれであるが――を、数式に喩えてこう述べる。

言葉が数学の公式に似たものであり――これら公式というものは、ひとつのそれ自体の世界をなしていて――ただ自己自身とのみ戯れ、自らの不思議な本性以外の何ものをも表現しないこと、そしてそれゆえにこそあれ程にも表現に満ち――それゆえにこそ事物の不思議な関係がそこに反映されるのだということを、何とか人びとに理解してもらえればいいのだが。数字の公式は、その自由によってのみ自然の肢体なのであり、その自由な動きの中にのみ世界霊は姿を現わし、公式を事物の精妙な尺度、輪郭たらしめる。言葉もまたそうである――言葉の運用、その拍子、その音楽的真髄への繊細な感覚を具えた人、その内なる本性の細やかな働きを知覚し、それに従って自分の舌と手を動かす人は予言者であろう。(5)

Artの「自律性」とは、かくの如き「霊妙」なるものである。Artは、自然＝宇宙から「自由」でありながら、いやただ「その自由な動きの中にのみ」、その「自己自身とのみ」の「戯れ」の内に、自然＝宇宙の「事物の不思議な関係」を、「世界霊」を、その「精妙な尺度」として反映させるのだ。

教科書的な「芸術史」が紹介する「芸術のための芸術」(l'art pour l'art)、あるいは二〇世紀になりフォーマリズム批評などが唱える「自律性」といったイデオロギー的に偏った理解とは異なり、一八世紀そして一九世紀の西欧で果敢に精神的探究を推し進めたArtistたちは、こうした霊妙な「自律性」にこそ、その創造を賭した。その、文字通り全身全霊を賭けた冒険は、自らの創作（＝「自己自身との戯れ」）の内に、宇宙の秘儀、神の「創造」の秘儀を見てしまうという「罪」を犯すことであり、宇宙の創造者＝神と闘うことであり、自らが（神に成り代わって）新たな「創造者」となるためには、神を「殺す」ことすらいとわない、そうした人類史的冒険ですらあったのだ。

そうした人類史的冒険に最も深く、狂気の淵にまで挑んだArtistの一人こそ、私が二〇歳代にフランスで研究し、追体験していたステファヌ・マラルメに他ならない。彼は、その冒険の最深部から、友人に辛うじて以下の言葉を紡ぎ出している。少し長くなるが、非常に重要な一節なので、あえて引用したい。

僕は恐ろしい一カ年を過ごしたところだ。僕の〈思想〉は自分自身を思考し、そして、一つの〈純粋概念〉に到達した。この、長きにわたった死に際の苦しみの間に、僕の存在がその跳ね返りとして蒙ったすべてのことについては、これを語り尽すことはできぬが、しかし幸いなことに、僕は完全に死んでしまった。そして僕の〈精神〉が入り込むかもしれぬ最も不純な境域は〈永遠〉である。僕の〈精神〉、それは自分自身の〈純粋さ〉に慣れている孤独者であって、その〈純粋さ〉を、もはや〈時間〉の反映すら曇らせることがないからだ。

〔…〕数ヵ月前に、あの、年来つき纏うた性悪な羽毛との激闘に入った初めのうちは、今に較べて、何と僕は自分の心をまぎらしかねていたことだろう。幸いにも、その羽毛は、神は、打倒されたが。しかし、この闘いが、その者の骨張った翼の上でおこなわれたために、その翼は、当然そこで遭遇するものと僕が睨んでいた以上に烈しい苦悩によって、僕を〈暗黒〉の中に連れ去ってしまい、僕は狂おしいまでに、限りなく、勝ち誇りつつ、落下したのだった。――やっと或る日、僕がわが家のヴェネツィアの鏡の前に立って、数ヵ月以前に自分を忘れてしまった時と同じ自分の姿を再び見たときまで。

それに又、白状すると、いや、君にだけ白状するのだが、僕にはまだ、僕の収めた勝利の損傷がそれほどにも大きかったということなのだが、僕にはまだ、思考するためにはこの鏡に映っている自分を見つめる必要があるのだ。もし鏡が、この手紙を書いている机の前になかったならば、僕は又々〈虚無〉となってしまうかもしれない。これはつまり、今や僕は非個人的である、従って、もはや君の識っていたステファヌではない、――そうではなくて、かつて僕であったものを通して、自己を見、自己を展開させて行く〈精神の宇宙〉が所有する一つの能力である、と君に知らせることでもある。(6)

これまで宇宙を司っていた「創造主」＝神との闘いに、かくも満身創痍で勝利して得た〝もう一人の〟創造者の〝地位〟とは、「かつて僕であったものを通して、自己を見、自己を展開させて行く〈精神の宇宙〉が所有する一つの能力」としての地位である。かつて、シュレーゲルやノヴァーリスが敢行した、創造性の、神からArtistへの歴史的「転換」は、今や完遂され、神の創造のプログラムは、Artistの「死」の中へと完全に「ダウンロード」される。そのダウンロードされた神＝宇宙のプログラム——マラルメは大文字の〈音楽〉(la Musique) と呼んだ——を、一冊の書物に「要約」する夢こそ、マラルメに生涯つきまとった大文字の〈書物〉(le Livre) の夢である。

この世界において、すべては、一巻の書物に帰着するために存在する。(7)

こうして、マラルメを筆頭に、「近代」のArtの前衛たちは、唯一絶対の創造主であった神との過酷な闘いに挑み、簒奪《さんだつ》した玉座の空位が開く本源的な〈虚無〉へと、精神的に落下しつつ、自らの存在をも崩壊させていった。その「崩壊」は、少なくとも四つの局面に及んだ。まず、社会性の崩壊、すなわち絶対的孤独。二つ目に、身体の崩壊。マラルメを含め、この時代のArtistたちがどれほど深刻な身体的災厄に苛まれたことか。三つ目に、自我の崩壊。「近代」のArtistは、自我の称揚どころか、Artistとして真摯であればあるほど、自己同一性の危機に見舞われた（「僕は完全に死

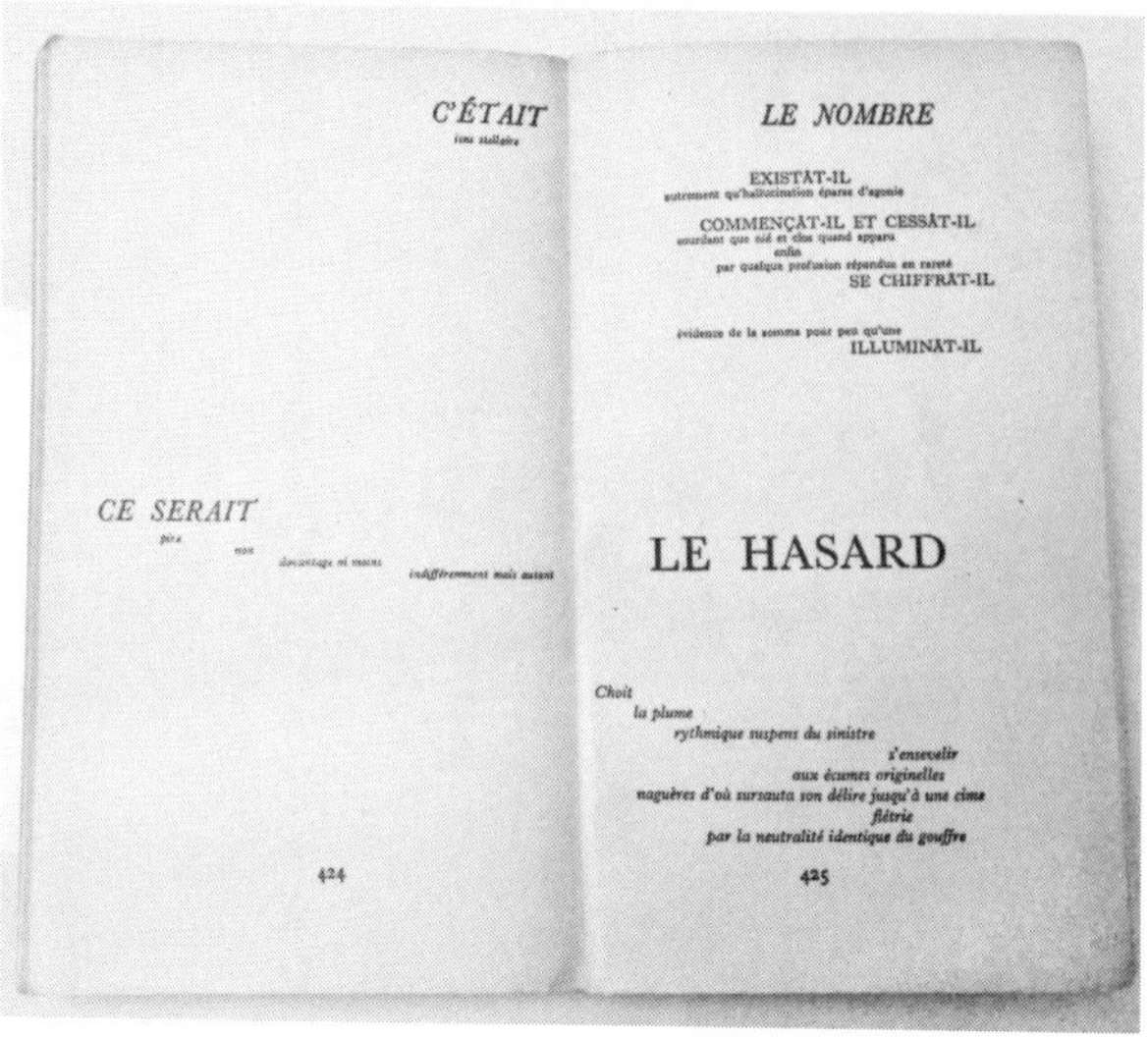

ステファヌ・マラルメ『双賽一擲』より(Stéphane Mallarmé, *Igitur. Divagations. Un coup de dés*, Gallimard, 1976)

んでしまった」)。そして最後に、記号の崩壊。文学を例にとるならば、それが創造的になればなるほど、言語は、その記号としての表象機能・意味作用に逆行しつつ、脱記号的関係性の強度に満ちた戯れへと散開していった。

　結果、創造の「自律性」を求めていたはずのArt作品は、自らを追求すればするほど、これら四つの「崩壊」に見舞われ、作品を創造することそれ自体が、不可能になっていく。二〇世紀のフランスの評論家、モーリス・ブランショがdésœuvrement(作品の消去=脱作品化)と呼んだ事態である。作品は、自らを創ろうとすればするほど自らを消去していく。余白が、沈黙が、創造を蝕み、領《りょう》していく。Art の「第一の死」。一九世紀末の西欧では、こうして、Art が「空無」の「ブラックホール」とでもいえるものへと限りなく吸い込まれていくのである。(8)

第二の死――デュシャン、そしてロシア・アヴァンギャルド

このArt の「第一の死」を、炯眼にも見てとった次世代のArtist たちがいた。その一人がマルセル・デュシャンである。「はじめに」でも言及したように、彼は工業的既製品(レディメイド)という、人類が作り出した同じ「物」なれど、Art からは最も遠い生産物を、Art の只中へと投げ込み、それを新たなArt なのだと嘯いてみせた。しかも、便器という、美術館にArt 作品同様設置されてはいるが、「美」とはおよそ対蹠的な、それこそ「用」しか足さない「物」を、Art の中に時限爆弾のように仕掛け、Art を完膚なきまでに凌辱・粉砕し、しかもその凌辱・粉砕する行為自体を、Art として演出した。私たちはそれをArt の「第二の死」と呼ぼう。Art の〈外部〉= Non-Art によるArt の殺戮、その存在理由の根本的問い直しを、あえてArt だと嘯く自家撞着的かつメタ言語的パフォーマンス。Art の「第二の死」としてのArt 2.0。以来、Art(2.0) は、絶えず新たなNon-Art =〈外部〉を発見・発明し、それをArt

の〈内部〉へと回収する、Artの「植民地主義」とも言いえるような領土拡張を繰り返すことになった。それが、二〇世紀に「Contemporary Art」と呼ばれることになる事態の実相である。

だから、こうも言えるだろう。デュシャン以降の（Contemporary）Artは、絶えざるArtの「第二の死」＝Art 2.0の反復にすぎないのだ、と。Artの「死」としてのArt。この「逆説」的パフォーマンスを演出した者こそ、デュシャンに他ならない。

ところで、Artの「第一の死」を見てとり、Artを粉砕し、新たな創造行為を起動しようとしたのは、何もデュシャンだけではなかった。むしろ、一九世紀末に生まれ育ち、新たな世紀を迎えて、創造する欲望が点火した多くの才能は、同様の「逆説」を、各々のやり方で生きようとした。それが「アヴァンギャルド」と総称される、過激な（反）創造の爆発である。

彼らは、Artを木っ端微塵にすべく、ありとあらゆるNon-ArtをArtに叩き込んだ。奇矯《ききょう》な叫びや落書きまがいの線描《せんびょう》やら、ゴミや雑音やら、トマトや卵などの生ものやら、はてはスキャンダラスな大騒ぎを起こして都市を丸ごとArtに叩き込むのである。

ほんの一〇年二〇年前に、霊妙な「自律性」に身を捧げ尽くしていたArtを、これほどまでになぶっていいのだろうか。それほどまでに、彼らにとってもArtの呪縛力は強固だったのだろう。こうして、ヨーロッパのあちこちで、Artにありとあらゆる「汚物」が投げつけられ、その神経症ともいうべき凌辱の中から、アヴァンギャルドたちは、自分たちの時代にふさわしい(反)クリエーションを模索した。

ヨーロッパの「辺境」、ロシアでもそうした歴史的気運は大いに高まった。その「気運」は、ヨーロッパの他の国同様、単にArtの世界のみならず、社会全体、そして生活全体を大変革しようという「革命」的気運でもあった。ただロシアの場合、おそらくは「辺境」であったがゆえに、奇跡的にも、「遅れてきた」政治の革命とArtの革命が完全に同期してしまった。そこに「ロシア・アヴァンギャルド」の特殊性がある。その「同期」の中身を一言で言えば、資本主義社会を超克し共産主義社会を実現しようとする政治の革命と、[9]Artを超克し新たな(反)創造活動を実現しようとするArtの革命との歴史的共振と言えるだろう。

事実、「辺境」であったがゆえに、ロシアにおいて、Artの「自律化」は遅れてやってきた。例えば、ようやく一九一〇年代になって、画家ダヴィッド・ブルリュークがこういう次第である。

昨日、芸術は手段であった。今日、芸術は目的となった。絵画は、絵画的な課題のみを追求するようになった。絵画は自己のために生きはじめた。[10]

現に美術においても、自律化は遅れ、しかもあまりに急速にやってきた。例えば、当時の代表的画家の一人、カジミール・マレーヴィチは、一九一二年になお、「ネオ・プリミティヴィズム」と呼ばれる、単純な色面構成ながらも明らかに「具象的」な絵画を描いていたが、その翌年からは、突如として『黒の正方形』や『白の上の白』などのモノクローム絵画を立て続けに描き、一九一五年には早くも「絵画の死」を宣言してしまうのだ。一方、もう一人の代表的美術家、ウラジーミル・タトリンは、「絵画的レリーフ」と称し、板切れに金属片などを貼り付け、「絵画」への叛逆を始めたかと思うと、もう翌年には「反レリーフ」と題して、現代でいう「インスタレーション」のミニチュアのような立体造形に取り組む。そして、「絵画の死」宣言の同年には、彼らの造形的実験の集大成ともいうべきグループ展「最後の未来派絵画展0.10」を早々と開催してしまうのだ。

そして折しも、「ロシア革命」である。まさに、はるか大西洋の彼方、ヨーロッパのもう一つの「辺境」ともいえるニューヨークで、デュシャンがさりげなくもしたたかに『泉』というArtへの時限爆弾を仕掛けている頃、こちらの辺境では、レーニンやトロツキーを始めとした「革命家」たちが大規模な民衆の蜂起を画策し、ついに共産主義社会実現の火蓋を切る。あちこちの街路や広場でこうした政治の革命が断行される中、Artistたちはいかなる行動に出たのか。彼らもまた、アトリエから街路や広場に出るのである。アトリエで画布や板切れに絵具や金属片で造形するのではなく、街路や広場を己の新しいキャンバス、創造の実験場とするのである。詩人ウラジーミル・マヤコフスキイは、こう歌う。

同志諸君！
バリケードへ！
心臓と魂のバリケードへ行け。
退路の橋を焼き払う者こそ
真のコミュニストなのだ。
未来主義者たちよ、ゆっくり行進するのはもうやめろ、
未来に向かって飛躍するのだ。
〔…〕
安物の真理なんかうんざりだ。
心臓から古いものをたたきだせ。
街路はわれらの絵筆。
広場はわれらのパレット。
時代がかった書物では
千ページを費やしたって
革命の日々は歌えない。
街路へ出ろ、未来主義者たちよ、
太鼓を打ち鳴らせ、詩人たちよ！(11)

こうして、ヨーロッパの辺境の地においても、Artはいわば「コペルニクス的転回」を迎える。Artistの室内で遅ればせに、それゆえにあまりに急速な「自律化」を遂げたArtは（「絵画の死」）、政治の革命と共振して、一挙に、屋外へと解き放たれ、街路や広場での造形・構築へと「転回」するのである。これが「構築主義（constructivism）」である。[12]

数年前までアトリエで「絵画的レリーフ」や「反レリーフ」の制作に勤しんでいたタトリンは、今や一挙に、高さ約四〇〇メートルにも及ぶ、そして一層目には一年に一回転する立方体の大会議場、二層目には一月に一回転するピラミッド型の行政機関、そして三層目には一日一回転する円筒形の情報センターを擁する『第三インターナショナル記念塔』（一九一九―二〇）を設計してしまうのだ。

ウラジーミル・タトリン『第三インターナショナル記念塔（模型）』　1919年

政治の革命とArtの革命の共振が実現しようとした新たな創造活動とは何だったのか。それは、一言で言えば、共産主義的協働である。西欧近代が作り上げた資本主義的労働＝分業システムと、Artが要請する絶対的孤独の営みを共に止揚して、社会と個々人の生活が共に必要とするものを、共に作り、共有し合う、そうした創造の在り方である。

Art は、そうして、自らを「コペルニクス的転回」によって、共産主義的協働における造形・構築的モメントへと止揚する。『第三インターナショナル記念塔』のようなモニュメントの造形・構築から、数々の革命の祭典における仮設的構築物、はたまた移動する革命の啓蒙・情報センターに仕立てた汽車や汽船のデザイン、さらには革命的生活を彩る日用品の意匠にいたるまで、Art の革命もまたロシア、いやソビエトの津々浦々にまで波及していったのである。

しかし、である。そんな政治と Art の革命の共振という「奇跡」は、それが奇跡であったからだろうか、ごく短命に終わった。その後には、独裁者による弾圧と粛清が待ち構えていたのである。

第三の死――決定的な「死」？

もちろん、ソビエトだけではなかった。ファシズムという暴力機械は、ドイツでもイタリアでも（そして日本でも）猛威を振るい、ついに第二次世界大戦を勃発させる。そうして、ヨーロッパの「近代」が作り出した「大きな」システム、国民国家と資本主義のキマイラの如きシステムは、他の地球上の生命・生活をも蹂躙しつつ、「文明」そのものを破滅の危機へと陥れた。

「近代」の「大きな」システムの「鬼子」とでもいうべきArtも、さらなる受難を迎える。「鬼子」であるがゆえに、Artistたちはことのほか弾圧・迫害され、場合によっては自殺に追い込まれ、あるいは殺害された。生き延びるためには、「協力」するか、ひたすら忍従するか、亡命するしかなかった。Artは壊滅状態に陥った。

だから、戦後のArtistたちの喫緊の課題は、壊滅状態にあるArtを、何よりも「復興」、再構築することにあった。Artの本質が再び問い直され、「自律性」が再発見されることになる。そうして、例えば美術では、抽象表現主義の画家たちが、一九世紀末の絵画の自律的探究を復活させ反復し再展開するかのように、描く行為そのものの内的強度を探求し、あるいは絵画性それ自体を絵画の中で問う自己言及的な作業に取り組む。また音楽では例えば、ピエール・ブーレーズなどが、マラルメの〈書物〉の理念を継承発展する形で、音楽の「霊妙なる」自律性を極限的に追求していく。

そして、Artの「復興」は、言説的にもなされた。Artの「自律性」の再意味づけ・再価値づけが、批評家たちの最重要課題となった。そうして（象徴的な名前を挙げれば）、美術をクレメント・グリーンバーグが、音楽をテオドール・アドルノが、文学をモーリス・ブランショが「復興」し、各々のジャンルで「自律性」を根拠づけ直し正当化し直す言説を紡ぎ出していく。

私は（芸術学史上語法が分かれる中で）、「モダニズム」という用語を、これら「近代」が作り出したArtの（壊滅後の）復興・反復、さらには再意味化・再正当化の実践・言説の総体を指す用語として使いたい。それは、「イズム」であるがゆえに、近代のArtを反復しながら偏愛するイデオロギー性を宿し、したがって、これを遵奉する者たちは半ば無意識的に「他律的」な創作物を、Artを偽称するキッチュとして、神経症的とも言うほどに嫌悪する。こうして、グリーンバーグの「ポップアート」嫌いが、アドルノの「ジャズ」嫌いが、病的に表明される。

いずれにしても、こうした「モダニスト」の「復興」作業によって、Artは一時「再興」するようにみえたが、それも束の間、新たなデッドエンドを迎える。

ジョン・ケージは、全楽章「休止」の指示しかない（通称）『四分三三秒』（一九五二年）と呼ばれる作品を作曲（?）し、演奏と作曲の零度を提示してみせる。イヴ・クラインは、何も展示していない空っぽのギャラリーで「空虚」を展示してみせる（一九五八年）。サミュエル・ベケットは、語ることを終える＝沈黙するのをただ回避するためだけに、沈黙に臨む淵で無意味な繰り言を呟き続ける（『名づけえぬもの』一九五三年）。

こうして、音楽、美術、文学は、改めて（「第一の死」を反復するかのように）無音、空虚、沈黙へと、すなわちArtは、もはや〈内部〉化することのできない絶対的な〈外部〉、つまり「無」へと自らを葬り去ろうとするのである。Artの「第二の死」。今度こそ、決定的な「死」、最後の「死」、なのだろうか?

第四の死と「社会の全般的美化」

西欧近代が生みだしたArtは、ついに、決定的に、死んでしまったのだろうか。無音、空虚、沈黙、すなわちArtの零度へと自らを葬り去ったのだろうか。

いや、Artは、己れの零度をも乗り越えようとするのである。が、どのように？　二つの延命措置を利用するのである。一つが、世に「ポストモダニズム」と呼ばれたものの援用である（以下、二つの延命措置と以降の顛末については、紙幅の関係もありジャンル網羅的に語りえないので、それが最も兆候的に現象していると思われる「美術」を中心に論じていきたい）。

Artは、その零度＝「死」を乗り越えるために、この「ポストモダン」という、「大きな物語」への不信感にもとづく知（ジャン＝フランソワ・リオタール[13]）を、どのように援用し、「延命」を図ろうとしたのか。それは言うなれば、自らの腐肉を喰らって断末魔を少しでも先延ばしにすることであった。Artという「大きな物語」の死した断片をシミュレートし、リサイクルし、リミックスして、Artを「脱構築」するパフォーマンスを演出することであった。Contemporary Artのポストモダニストたちはこぞって、ジャン・ボードリヤールの『シミュラークルとシミュレーション』（一九八一年）を我田引水して、自分たちの「シミュレーショニズム」を競ったのだった。

たとえば、その最も極端な例、マイク・ビドロは、Artの「大きな物語」を織りなす主人公たちの「名作」をありのままにシミュレートした『Not Picasso』、『Not Pollock』、『Not Warhol』などをArt界に提示し、その同一物の反復＝「Not」という自家撞着的パフォーマンスに、Artのわずかな延命を賭けた。が、それも（他のパフォーマンス同様）もちろん、弥《び》縫策《ほうさく》にすぎなかった。

　そこで、Artは、二つ目の延命措置を利用する。それが、世に「マルチカルチュラリズム」と呼ばれたものの援用である。

　西欧近代が生みだしたArtは、「欧米」で死に瀕していた。自らの腐肉を貪ることにもたちまち飽きてしまったArtは、どうしたのか。それまで「Art」とすら認知していなかった、「欧米」の〈外〉で作られていた／いる物どもを、突如として「Art」として認知してみよう、それによって、さらなる延命を図ってみようとしたのである。そうして、フランスのキュレーター、ジャン＝ユベール・マルタンは『大地の魔術師たち』展（一九八九年）で、Contemporary Artと非「欧米」の（Artの世界からはそれまでよくても「フォーク」アートとか「プリミティヴ」アートと蔑称・差別されていた）創作物を並置して見せた。日本という（少なくともArt的には）非「欧米」での同時代的創作物の一部もまた、同じ文脈で「Art」としてようやく認知され始めるのである。それ故に、カトリーヌ・ダヴィッドもまた、自らのドクメンタのために、「極東」の地にまではるばる足を運んだのではなかったか（しかし当時の彼女には未だ「Art」と認知できなかったわけだが）。

そして、延命のためのArtの新たな〈外部〉の発見は、非「欧米」だけではなかった。文字通り「アウトサイダー・アート」もまた、Artとして（再）「発見」される。ベルギーのキュレーター、ヤン・フートが『オープン・マインド』（一九八九年）で、アメリカのキュレーター、モーリス・タックマンが『パラレル・ヴィジョン』（一九九二―九三年）で、（マルタンが「欧米」と非「欧米」を並置したように）「インサイダー・アート」と「アウトサイダー・アート」を並列して見せたのだ。

こうして、ケージやクラインやベケットの無音・空虚・沈黙によって息絶えんとしていたArtは、非「欧米」と「アウトサイダー」というArtの新たな〈外部〉＝「植民地」を発見・発明することにより、その絶息をさらに引き延ばそうとするのであった。

そんなArtの延命劇が演じられているこちらの世界では、〝美〟をめぐる、はるかに深刻かつ広汎な事態が進展していた。「社会の全般的美化」[14]（ジャンニ・ヴァティモ）という事態である。

資本主義は、一九八〇年代、「先進国」において、高度消費資本主義に突入した。剰余価値の増殖を、もはや交換価値の差異化によっては見込めないことから、広告産業による記号的・象徴的価値の差異化に「転移」していった。そうして、世には、大量の広告的イメージが氾濫し、その記号的きらめきを競いあった。そして、消費者たちは、そのきらめきを身に纏い、自らの生活を彩ったのであった。人々の生は、〝美〟のシミュラークルに取り巻かれた。

そして、九〇年代、デジタル・テクノロジーが一挙にパーソナル化される。「消費者」たちは、それまで資本主義的産業が「生産」する〝美〟をただ「消費」するしかなかったが、この「パーソナル」なメディアを手中にしたことによって、自ら〝美〟を「生産」いや「創造」する術を得た。そうして、パソコン一台あれば、誰もが「クリエーター」になれる状況が現出した。誰もが、「ミュージシャン」に「イラストレーター」に「フォトグラファー」に「ライター」になれる時代が到来したのだ。ヨーゼフ・ボイスの「人間は誰でも芸術家である」というスローガンが、今や、現実化されたかのようだ。まさしく「誰でもピカソ」。

こうして、社会は、人々の生活は、ますますグローバル化する資本主義の文化・広告産業と、何億もの「クリエーター」たちが、時事刻々と「創造」する〝美〟のシミュラークルの楽園となった。

こうした「社会の全般的美化」という事態に、Artは、自らの延命に必死でただ手を拱《こまね》いていただけなのだろうか。いや、Artは、そのポストモダニズム＝シミュレーショニズム的術策を応用し、文化・広告産業の文法を「脱構築」すると称して盗用して、この由々しき事態ににわかに抵抗を試みたが、それも空しく、自分もまたいつの間にかそれら無数のクリエーターたちの一人でしかないことを見出すのであった。

Artは、今や〃美〃の氾濫のうちに溶解する。すべてが〃美しい〃とき、もはやArtはいらない。第四の死。

こうして、西欧近代が「作りだした」Artは、一九世紀、「霊妙なる自律性」の探求の末「第一の死」を迎え、世紀が変わるや否や、「レディメイド」を嚆矢《こうし》とした、それまでのArtを否定・破壊する行為自体をArt化するというメタ言語的営み（「第二の死」）へと「変死」を遂げ、そして世界大戦という物理的災厄を被った後、「モダニズム」という形で「復興」が図られるが、それもつかの間、絶対的「零度」へと葬り去られる（「第三の死」）。しかし、Artは、その「零度」をも、二つの「延命措置」により乗り越えようとした。が、その傍らではいつの間にか人々の生活・社会は「全般的に美化」されていて、その〃美〃の横溢《おういつ》のうちにArtは溶解していった。The End。

「ゾンビ」化したArt——創造性のシミュラークル

ところが、二一世紀の現在、Art市場、なかんずくContemporary Art市場は、異常な活況を見せている。まるで、Artが、かつてないほどに己の生を謳歌しているかのようなのだ。

たとえば世界の美術品市場の大手データバンクの一つ、Artpriceの二〇一七年の年次報告書によれば、[15] Contemporary Art市場において、二〇〇〇年からの一七年間で売上高は一四〇〇%伸び（二〇〇〇年：一億三〇〇万米ドル／二〇一七年：一五億八〇〇〇万ドル）、平均年利率は七・六%増を記録している。そのさまは、まるで「マイナス金利の広がりが明らかに示している慢性的な金融経済危機」の状況において、Contemporary Art市場を「砂漠のオアシス」に見せているほどだ。

同報告書は、さらに、二〇一七年のContemporary Art市場が、作品最高額の新記録を打ち立てたことを報告している。これまでContemporary Artの作品で最高額をつけたのは、二〇一三年のジェフ・クーンズの五八四〇万米ドルであったが、二〇一七年、ジャン＝ミシェル・バスキアが一億一〇五〇万米ドルという、初めて一億ドルを超える記録を打ち立てたのだ（日本のコレクター前澤友作が購入した）。

こうしたアート・マーケットの異常な事態は、何を告げているのか。それは、もはや、Art作品の価値が、ある美的基準に基づいて決定されるのではなく、金融機関による信用貨幣の「無からの創造」を模倣する如く、「無」から「信用創造」されているのではないか、という根源的疑いである。椹木野衣は言う。

いまある市場では、ある作品にまつわる「信用」さえ獲得できれば、それが旧来の水準ではどんなに取るに足りないものであっても、「芸術的な創造性」とはまったく関係なく、高額で売買されるようになったのです。極端な話「まったく取るに足りない絵」の意味が批評的に担保され、市場での注目を集めれば、それが一種のトレンドとなり、爆発的に人気を博する可能性も十分ありえます。流通のメカニズムにとって芸術的な創造性はなんら関係がないのだから、いっそのこと対象はなんでもよいのです。〔…〕こうして、誰でも高名な芸術家になる可能性は現在、かつてなく高まっています。アンディ・ウォーホルが、かつて「誰でも一五分は有名になりうる」ということを言いましたが、同様のことは現在、作品の次元でも起こっていると考えることができます。[16]

決して「まったく取るに足りない」画家ではないが、ニューヨークの地下鉄や路上でグラフィティを描いていた一青年が、ウォーホルの制作パートナーにまでなり、二七歳で夭折した一九八八年のオークションでは、高いとはいえ三万五二〇〇米ドルの値がついた作品が、二〇一七年には五四〇〇万米ドルと、実に一五三倍の値がつくという事態。[17]もちろん、こうした事態が例外的にバスキアだけに起こっている訳ではなく、大なり小なり「売れっ子」のArtistの作品には例外なく起こっている。

Artの（美的・経済的）価値は、もはや、その卓越した創造性や精神性にあるのではなく、「まったく取るに足りない」「なんでもよい」もの、すなわち「無」から「信用創造」されているのではないだろうか。そして、「無」から「信用創造」された「価値」の幻惑が、人々の目にあたかも卓越した創造性や精神性を具現しているかのように映り、その目眩しが、Art の価値の根源的な無根拠性を隠蔽しているのではないだろうか。

いや、さらに言えば、Art とマネーは互いに互いを「買い支え」あうことにより、辛うじて互いの価値の根源的無根拠性＝「無からの（信用）創造」という真相を覆い隠さんとしているのではないか。Art は、マネーという究極の〈外部〉の煌めきに自らを映し出し、マネーも Art という〈外部〉の光暈《こううん》に自らを映し出す。そうして、互いが互いのシミュラークルと化しながら、「アートマーケット」は「砂漠のオアシス」として空前絶後の繁栄を謳歌する。

こうして、Art は、マネーという〈死〉の純粋記号と婚姻し、その創造的〈生〉を完全に「売り渡す」。Art は、創造性の亡霊・ゾンビと化す。

こうして、神を殺してまで奪った「創造性」は、一方でアート・マーケットの頂点から泡が弾けるように揮発していく。他方で、無数の「クリエーター」たちの「創造」する〝美〟の氾濫のうちに溶解していく。これが、人類の創造性の末路なのだろうか。

もう一つの創造性へ

いや、創造性は、人類において、全く別な形をとっていくだろう。それこそ、私が

「藝術2・0」と呼ぼうとしている形だ。その人類が未だ十全に知らざる〝もう一つの〟創造性の輪郭を少しでも明瞭にするために、ここで一本の接線を引いてみたい。本書で幾度か言及してきた美術批評家、椹木野衣が『反アート入門』の終章（「最後の門　アートの行方」）で展開している論旨である。[18] それを私なりに要約してみよう。

彼もまた、私と同じく、欧米のArtが歴史的に行きづまり危機的状況にあるという認識をもつ。が、日本人は、明治以来、そのArtを何とか自分らの異なった土壌・風土に根付かせようと努め格闘してきたが、結局今に至るまで完全に根付くことはなかった。今さら、所詮はキリスト教に深く根ざしたArtにこれ以上追随することはやめ、「この地にはこの地ならではの、欧米とは別のやり方」「別のアートのあり方」を求めるべきだと言う。

では、その「別のアートのあり方」とは何か。それはある意味で、ハイデッガーが、「ヨーロッパ」を突き抜けて、古代ギリシャ語の「アレーテイア」にまで遡って見出した「真理」の「隠れ・なさ」、すなわち「存在」が自らを隠すことによって自らを顕わすという「隠れ・なさ」を立ち現わすようなアートである。西洋のアートが「表象」に基づいていたのに対し、日本のこれからのアートは、この「隠れ・なさ」、さらに言えばこの国が古来から尊んできた、生々流転する生の「あらわれ」と「消え去り」を表わすようなアートたるべきである。

椹木は、その「あらわれ」と「消え去り」のアートの歴史的参照例として、美術史家矢代幸雄の研究[19]を援用しつつ、水墨画における「滲み」「ぼかし」に着目する。墨が紙に滲むとき、画家にすら統御しえない偶然の出来事が生じ、しかもその可能性が無限であるという「自然」の「あらわれ」と「消え去り」をとどめるようなアート。それは畢竟、宇宙の中の「滲み」にすぎない人間の命の現われでもある。

そんな水墨画が至ろうとする精神的境地こそ、仏教でいう「無色界」であり、故に、水墨画は、墨を惜しむ「惜墨」を尊ぶ。さらには、一切墨を使わず白紙に、それを称揚する「賛」という文のみ添えた「白紙賛」という極限的表現（?）にまで及ぶ（椹木は続いて、民藝の「見る」こと、「直観」の重視、そして「移動する聖地」としての絵画について論じるが、ここでは紙数の関係で省きたい）。

そして椹木は、やや唐突に、最近よく山に行きたくなると告げる。それは、彼が、秩父という、山に囲まれ、山に行くことが日常の一部であった地に生まれ育ったことにもよるだろうが、同時に、人生も折り返し地点にさしかかり、自らの死、消え去りへの準備の心持ちの現われでもある。しかし、この「山」は、単に物理的なそれではなく、むしろ山が、あの世、冥界、「非・場所」への道程であるがゆえに、「山」へ行きたくなる、と心情を吐露する。

こうして、自然＝山から「あらわれ」、この世に生き、また自然＝山へと「消え去って」いく。その命の姿を表わすようなアートがあってもいいのではないか。それこそ、私たちがこれから求めるべき「別のアートのあり方」ではないか。

しかし、私たちは単に茶や能や書といった伝統芸能に帰るべきではない。

わたしたちは、そういう「山」に至るために、むしろ不自然な動きをしなければならない。昔のように山に行けば、そこでなにかと出会えるとも限らない（結局、山に行かないのは、そのためでしょう）。もっと反自然的な振る舞いを通じて、そこへと至らなければならないのです。そのための技術《テクネー》が、アートというものなのです。

そうした「山」を求める「反自然的な」アートは、「人為にまみれた薄っぺらな、アート」、「現れと消滅のほうに顔を向けた新しい『わるいアート』」ですらある。

畢竟、私たちには「新しい芸術概念」が必要となる。それは「孤生」のアートとでも言うべきもの。すなわち、「人はみなひとりで生まれひとりで死んでいく」、そうした人間存在の「孤別性」が立ち現れるようなアート。それはまた、「孤生」の現われでありながら、「誰もが参加することができるような、なにか流動的な生そのもののような芸術です。それが日々、日常のものであり、かつ創作者と鑑賞者が交換可能であるような芸術です。文字どおり、それは万人のものです。」

要約とは、所詮要約しえないものを取りこぼすしかない作業ゆえに、以上の要約もまた、椹木の論旨を到底掬いきれているとはいえないだろうが、とりあえずその論旨を追いながら、今浮かぶことはこんなことだ。

「人はみなひとりで生まれ、ひとりで死んでいく」。しかし、私たち一人一人の「孤生」は、同時により大きな〈生〉の流れの一つの「あらわれ」であり、「消え去り」でもある。私たち一人一人の生は、その大いなる〈生〉の「うつわ」、〈生〉がそこに流れこみ、うつろい、互いにうつしあうような、そうした〈生〉の「うつわ」ではないか。そして、その〈生〉は単に私たち人間だけの〈生〉ではなく、この自然、ガイアに生きるすべての生きとし生けるものに流れ、「あらわれ」ては「消え去る」〈生〉ではないか。そんな大いなる〈生〉の流れが、あらわれ、うつろい、うつしあっては、消え去っていく「うつわ」＝「孤生」のようなアート（それが「わるい」かどうかは私にはわからないが）、そんなアートが、現実にありうるのだろうか。

こうして、私たちは再び、藝術2・0へと舞いもどる。

第3章　藝術2・0は手前みそ作りなのか

発酵文化人類学

私が、藝術2・0を探しあぐねていたとき、たまたま、いやおそらくは出会うべくして出会った小倉ヒラクの『発酵文化人類学』。そこには、未だ朧な藝術2・0の像に、閃光を放つような文言が、現代的洒脱を装いながら、散りばめられていた。

彼は、「発酵デザイナー」だ。全国津々浦々、醸造家を訪ね、取材・研究し、そして「手前みそ」づくりなどのワークショップ、イベントをデザインし実践する。ワークショップを開くたび、参加者が皆キラキラした笑顔をみせる理由を、彼はこう説明する。

きっと、発酵食品を手づくりする体験のなかには「プロセスの楽しみ」が溢れているのだろう。それをもうちょっと掘り下げてみるに「目新しいこと＝サムシング・ニュー」に疲れた人たちが「特別なこと＝サムシング・スペシャル」で元気になる、ということなのだと思う。発酵の楽しみの本質は「プロセス」にある。何百年も前から続いている手前みそをやることには「目新しさ」はない。しかし「特別感」がある。大豆や麹をさわって味噌を仕込み、それが熟成していく過程を見守るプロセスにはその人だけが感じる「プロセスに関与する満足感」がある。同じ場所で同じ材料で手前みそを仕込んだとしても、プロセスの中で感じることはそれぞれの人で違う。そして環境によって発酵菌たちの働きが変わっていき、出来上がりにも個性が生まれていく。(1)

この、「サムシング・ニュー主義」から「サムシング・スペシャル」へ。この何気ないカジュアルな一言に、私は、藝術2・0の要諦の一つを直感した。

ここで言われている「サムシング・ニュー主義」とは、要は、絶えず新たなプロダクト、価値を生産し続けなくてはならないという資本主義の宿命であり強迫観念だ。それはまた（小倉自身は言ってはいないが）、資本主義が貨幣的な量的価値の生産に取り憑かれているのに対し、その「鬼子」ともいうべきArtが絶えず「新たな」作品、美的な質的価値を「創造」しなくてはならない、その宿命であり強迫観念でもある。その絶えず、自らにとっての新しい〈外部〉を〈内部〉化しつつ、自己差異化し続けなくてはならないArtの「サムシング・ニュー主義」が、数々の「死」を経て、今や霧消しつつあるのは、ここまで見てきた通りだ。

「サムシング・ニュー主義」から「サムシング・スペシャル」へ。では、私たちは、Art の代わりに、味噌などの発酵食品を手作りすればいいのか。それが、これからの人類の創造性なのか。それが、藝術2・0なのか。

ある意味、そうとも言えるし、ある意味、そうとも言えない。私は、その両義的含みにこそ、藝術2・0の秘鑰《ひやく》がある予感がするのである。

朧な藝術2・0の像に射す、もう一つの閃光は、例えば、小倉が、発酵という生物学的現象を、（著書のタイトル通り）「文化人類学」的視点から捉え、物語るユニークさ、特に（のちに詳細に検討するが）発酵を、マルセル・モースの「贈与論」などを手がかりに「ギフトエコノミー」として描く、その発想の斬新さだ。以前、「瞑想」と「ギフトエコノミー」を巡って思索した私には、[2] 藝術2・0についても、とりわけ閃きをもたらす発想であった。

「サムシング・スペシャル」をめぐる「ギフトエコノミー」。少なくとも、その二つの閃光に導かれて、これから私なりに、藝術2・0の在りかを探索したいが、その前にまず、（私自身発酵の素人なので）発酵を、著者にならっておさらいしてみることにしよう（と言っても、実は今、書き連ねているこれらの言葉は、「手前みそ」用に醸されている麹の仄かな芳香に包まれているのだが……）。

発酵という「ギフトエコノミー」

小倉は、発酵を広義のそれと狭義のそれに分ける。まずは、広義の発酵から見てみよう。(3)

それは、自然環境にそれこそ星の数ほど存在する微生物のうち、「人間に有用な微生物が働く過程」である。「環境中にいる無数の菌のなかから、人間によくなつき、分解機能によって役立つ物質をつくってくれる『マイメン』をピックアップし、気持ちよく働ける環境を用意する。これが発酵の技術であり、この技術が集積してできるライフスタイルが発酵文化だ」ということになる。

小倉は、私のような発酵の素人のために、ヨーグルトを例にとってさらに発酵を説明する。ヨーグルトは、牛乳に乳酸菌が取り付いてできる発酵食品である。その化学的プロセスはというと（小倉独特のユーモラスな語り口で）、空中に浮遊する乳酸菌が、牛乳の中にある糖分「グルコース」に引き寄せられ、それを食べて、爽やかな「乳酸」と（乳酸菌のエネルギー源となる）「ＡＴＰ（アデノシン三リン酸）」というタンパク質に分解する。乳酸は、従って、乳酸菌が糖分を「食べた」後の、いわば「うんち」である。その微生物にとっての「ゴミ」が、人間にとっての「宝物」になる過程、それこそが（広義の）発酵である。

では、狭義の発酵とは何か。それは「酸素も光も使わずにエネルギーを獲得する過程」である。光合成でエネルギーを得る植物、呼吸でエネルギーを得る動物と並んで、微生物は、光も酸素も使わずにエネルギーを獲得する。その「第三の道」が（狭義の）発酵だ。

ただ、このエネルギー獲得の「第三の道」は、光合成や呼吸に比べ、効率が悪い。植物や動物がグルコースを限界まで分解し最大限のエネルギーを獲得するのに対し、微生物はグルコースを消化酵素で「ちょっと」分解し「少しばかりの」エネルギーを得た後、中途半端に解体された物質（例えば乳酸）を「ゴミ」として捨ててしまう。

ところで、先のヨーグルトの発酵過程で生成された「ATP（アデノシン三リン酸）」こそ、微生物を含めた全生物が「生きる」エネルギーの発生装置、「エネルギーの共通通貨」に他ならない。ATPは、アデノシンに三つのリン酸が化合したものだが、その左はじにあるリン酸が「ピンッ！」と外れるときにエネルギーが発生する。全ての生物において、光合成にせよ呼吸にせよ発酵にせよ、このATPの生みだすエネルギーがまさにその生物を「生き」物たらしめる。あらゆる生物の中と間を流れるこのエネルギーの大いなる循環こそ、地球という生態系の「生命の環」に他ならない。

エネルギーを使い果たした生物は死ぬ。しかしエネルギー自体は死なない。それはまたATPのかたちを取って、別の生物のもとに渡り、その生物の生きる糧となる。その「エネルギー交換」は、微生物から人間へ、太陽から草へ、草から牛や馬へと種族を超えた「生命の環」を巡り続ける。

文化人類学者が描く、腕輪や首飾りといった装飾品が島から島へ、部族から部族へたえまなく贈与されて循環して成り立つコミュニケーションの環「クラ」交易同様、動物・植物・微生物を問わず、あらゆる生物からあらゆる生物へと贈与されて循環する生命エネルギーの環、それこそ、生物たちの「ギフトエコノミー」そのものではないか。

小倉は、このように、発酵、そして生命を捉えるのである。

不確実性への賭け＝遊び

小倉は、全国津々浦々、醸造家を訪ね歩く。『発酵文化人類学』の「Part 6 発酵的ワークスタイル」では、その中から特に四人の醸造家を挙げて、その発酵文化の「錬菌術」(4)に迫っている。秋田県秋田市新政酒造の古関弘、山梨県甲府市五味醤油の五味仁、福岡県糸島市ミツル醤油の城慶典、山梨県甲州市勝沼マルサン葡萄酒の若尾亮。各々、日本酒、味噌、醤油、ワインの醸造家である。その「錬菌術」の詳細は、同書にあたってもらうとして、ここでは、小倉が続いて挙げる彼らの発酵的クリエーションに共通する特徴を追って、藝術2・0にさらに接近する足がかりとしたい。

①「手づくり」であること。手づくりであることで、微妙な「クセ」や「揺らぎ」が発生する。そして、作り手がどのような感性や美意識を持っているか伝わりやすくなる。さらに、微生物たちがふるまう「複雑性」を呼び込み、「醸造家が最初にイメージした仕上がりの斜め上に突き抜けられる可能性」が生まれる。「手づくり」は、従って、単なる伝統の「守り」ではなく、むしろ新たな価値観を創りだす「攻め」となる。

② 四人の醸造家のうち、二人は嗜好品（日本酒とワイン）、他二人は調味料（味噌と醤油）の醸造家だ。同じ発酵食品でも、嗜好品か調味料かで、そのデザイン志向も違ってくる。嗜好品づくりのデザインは、特に「驚き」、絶えずサプライズを生みだすために「変わり続ける」ことが重要。それに対し、調味料のそれは、それが毎日使う「料理の基準点」であるがゆえに「あえて大きく変えない」ことが重要。むしろ「原点回帰」を志向する。だがそれは、単なる伝統の墨守ではない。彼らは、そのプロダクトを提示する「シチュエーション」を革新するため創意工夫を凝らし、歌って踊る手前みそづくりのワークショップなどを企画したりする。

③ 彼らは皆あそび上手である。スケーターであったり、ミュージシャンであったり。だが、それは単に「余技」を楽しんでいるというより、彼らにとってより本質的

に「仕事は遊びで、遊びは仕事」というワークスタイル／ライフスタイルでもある。そうして日々、美的センスを磨き、それを自らの発酵プロダクションにも活かす。

こうして彼らは、「ミクロの自然のなかの不確実性に飛び込んでいく覚悟と喜び」に駆動され、本人たちの意図、計算、予期を超えた「サムシング・スペシャル」の現出を享楽するのである。

この不確実性、複雑性への賭け＝遊びとしてのクリエーションは、先に椹木が「滲み」や「ぼかし」にみた偶然性の「無限」に賭する水墨画のありようと、響きあわないだろうか。その「無限」から立ち上がる〈自然〉、〈生〉が、画家の思惑を超えて、「あらわれ」ては「消え去る」、「孤生」の表現と木霊しないだろうか。私には、この響きあい、木霊のうちに、藝術2・0の基調音——Artの創造性を超えた、〃もう一つの〃創造性の基調音が聴きとれるように思うのだ。

OSとしてのアート、そして創造性の「復活」

『発酵文化人類学』をさらに追って、藝術2・0の基調音を、より精細に聴きとってみよう。

最終の「Part 7」で、小倉は、「ホモ・ファアーメンタム（発酵するヒト）」の未来を語るにあたり、クロード・レヴィ＝ストロースの「冷たい社会」と「熱い社会」という有名な文明論的二分法に言及する。発酵が、人類の未来に及ぼす影響の両義性を指摘するためだ。すなわち、「オーガニック軸」（冷たい社会の軸）で捉えるならば、発酵は「人間と自然の本来あるべき関係への原点回帰」の象徴であり、逆に「イノベーション軸」（熱い社会の軸）で捉えるならば、「バイオテクノロジーの最前線」のトピックスとなる。その、人類にとっての発酵の未来の二面性については、同書に譲るとして、ここで私は、レヴィ＝ストロース（を援用する小倉）の、この文明論的二分法を、やや別様に、藝術2・0の方へと引きつけて改めて考察してみたい。

まず、レヴィ＝ストロースのこの二分法をおさらいしてみよう。[5]「冷たい社会」とは、「自ら作り出した制度によって、歴史的要因が社会の安定と連続性に及ぼす影響をほとんど自動的に消去しようとする」社会である。対して、「熱い社会」とは、「歴史的生成を自己のうちに取り込んで、それを発展の原動力とする」社会である。つまり、後者は、今私たちの多くが生きているこの資本主義的社会のように「発展」と「成長」への欲望に駆動された、（小倉流に言えば）「サムシング・ニュー主義」が貫徹された社会である。

それに対して「冷たい社会」は、「四季の循環、人間の一生の循環、社会集団内の財物と奉仕の交換の循環」といった回帰的連鎖で維持される社会であり、「経済的社会的大変動が生じるような非回帰的事件の連鎖が形成された場合、ただちにそれを破壊」するような社会である。より具体的には、「狩、漁、野生動物の収穫、料理、道具の製作といった日常の仕事〔…〕はすべてトーテム祖先とともに始まったのである。そして、この分野においても、原住民は盲目的に伝統を尊重する。遠い先祖が使っていた原始的な武器を忠実に守っており、それを改良しようなどという考えは、頭に浮かぶことさえ決してない。(6)」

結局のところ、「冷たい社会」は、「一つ一つの技術、規則、習慣について」、それらの正当性がただ一つ「御先祖様の教え」に根拠づけられるような社会である。だからそれは、(小倉流に言えば)、発酵文化などの回帰的文化が先祖代々反復的に伝承されてきた社会と言えよう。

ところで、小倉によれば、「熱い社会」が過熱し暴走気味だからこそ、今日、その下に伏流していた「冷たい社会」に戻ろうとする揺り戻しが生まれている。人類全体(そして小倉自身も)「冷たい社会」と「熱い社会」との間、文明の「オーガニック軸」と「イノベーション軸」との間で絶えず揺れ動いていると言う。

私は先に、藝術2・0とは、Artの代わりに味噌などの発酵食品を手作りすることかと問い、ある意味でそうとも言えるし、ある意味でそうとも言えない。その両義的含みにこそ、藝術2・0の秘鑰があるような予感がする、と答えた。まさにそうなのだ。藝術2・0は、「冷たい」クリエーションに根を降ろしながらも、それを単に回帰的に反復するのではなく、それを「熱い」クリエーションによって再デザインする技、「オーガニック軸」に沿って原点回帰しつつも、同時に「イノベーション軸」に未来的可能性を開花させるような、いわば「冷たく」も「熱い」、逆説的なクリエーションと言えないだろうか。

私は今回、小倉の『発酵文化人類学』について論じるにあたって、私自身が抱くいくつかの問いを投げかけるべく、小倉本人へのインタビューを試みた。(7) その中で、小倉は「オペレーティング・システム（OS）としてのアート」という概念を提示する。

そういう意味でいうと、アート2・0（=藝術2・0）っていうのは、アプリケーションとしてのアートからOSとしてのアートへの変化だと思うんですよ。僕は微生物をやってますけど、オペレーティング・システムとしては、アートとかデザインとかがインストールされていると思うんですよ。で、そういう人が今、増えている。

今までって、アートがアプリケーションだったから、アートをやっている人以外は、アーティストと名乗れなかった。今は、アートをオペレーティング・システムとしてもっていて、その上で具体的なアウトプットをどうしますかという話になっているので、そこに少し進化があると思う。僕や、僕と同年代の醸造家たちをみると、それがよくわかる。もともとアーティストだった人とか、今もアーティストの人が多いので。

ここで小倉の言う「OSとしてのアート」とは何なのか。それは、先の「冷たいクリエーション／熱いクリエーション」という文脈で言えば、冷たいクリエーションを再デザインする「熱いクリエーション」の「OS」ということになろう。

では、それは何なのか。小倉はそれを「アプリケーション」としてのアートと対比的に語っていた。「今までって、アートがアプリケーションだったから、アートをやっている人以外は、アーティストと名乗れなかった。」

ここで言う「アート」は、(私がこれまで論じてきた文脈に置き換えれば) 西欧近代における Art の誕生から四つの「死」を経てきた、Art の絶えざる自己差異化の試み、〃新しい〃「アプリ」の発明と陳腐化の反復と言えるだろう。それらは、「Art」という欧米近 (現) 代が作りだした創造性のオペレーティング・システム内で作動する「アプリ」であったろう。小倉がここで言う「OS」とは、だから、この「Art」というOSではない、もう一つ別のOSを意味するはずだ。

では、それはいったい何なのか。

私は、先に、人間が神を殺してまで奪った「創造性」が、今や、一方で「ゾンビ」化したアート・マーケットの頂点から揮発し、他方で、無数の「クリエーター」たち (「誰でもピカソ」たち) の「創造」する〃美〃の氾濫のうちに溶解していき、それが人類の創造性の末路なのかと問うた。

ところで、日本では、椹木野衣が『日本・現代・美術』以降説いているように(8) (そしてその行論を私なりに圧縮すれば）、明治以来、「大きな物語」としてのArtへの（前近代的心性からくる）コンプレックスゆえに、所詮は全く異質な文化的土壌へのその移植・根づかせに執着してきたが、結局は終始、Artの擬態（「芸術」「アート」と呼ばれるもの）をいたずらに反復するしかない「悪い場所」を培ってきたのだった。

ところが、二〇世紀末に至り、デジタル・メディアが急速にパーソナル化されるにつれ、例えば東浩紀が『動物化するポストモダン』で描いたように(9)（これまた私なりに圧縮すれば）、日本的「ポストモダン」的主体たちは、速やかに、元々根づきもしなかった（欧米由来の）「大きな物語」へのコンプレックス＝執着から、いわば「メディア唯物論」的に解放され、インターネットが無数の情報を編み上げるデータベースという「大きな非物語」から勝手気儘にサンプリングし、編集する「小さな物語」に生息するようになる。一九八〇年代のバブル時代を通して、世界的に見ても突出した高度消費的シミュラークルの「楽園」だった日本は、その「小さな物語」が繁茂するに格好な土壌であったがゆえに、その「小さなクリエーター」たちは、そのヴァーチャルな「鎖国」的状況の中で、「オタク文化」――その後逆説的に、やはり「大きな物語」の腐臭に嫌気がさしていた欧米の若者たちにまで多大な影響力を及ぼすことになる「オタク文化」――を生み出したのだった。

しかし、そんなヴァーチャルに「鎖国」的な状況に耐え難かった少数の者たちは、「国」を出て、バックパックを背負いながら（「日本」を含めた）地球を放浪する。そして、ここかしこで遭遇し感動する文化的・美的断片を狩猟採集し、意識的に編集、あるいは無意識的に「発酵」するに任せていた。

そして、「旅」を終えた彼らは、ある「ローカル」な地に身を寄せ、暮らしあるいは働き始める。その「ローカルな地」は、文字通り、どこか地方の里山でもありうるし、あるいはある土着的な環境で「回帰的」に営まれ続けている「冷たいクリエーションン」の現場でもありうるだろう。

彼らが今まで育んできた、自らのうちで「発酵」するに任せてきた新たな「小さな物語」――デジタル・メディアでサンプリングし編集してきた〝美〟のシミュラークルと、地球のあちらこちらで「リアルに」体験し狩猟採集してきた文化的・美的断片（そこにはもちろんArtのそれも入りうる）との奇妙な混成体。この、彼（女）の中でしか特異に編集・発酵しえない、そうした各々に特異な（東のそれとは違った意味での）「小さな物語」こそ、小倉が「OSとしてのアート」という言葉で指し示そうとしたものではないだろうか。そうして、特異な「小さな物語」＝「OSとしてのアート」をインストールされた「小さなクリエーター」たちが、各々、これまたそれぞれに特異な自然、そこにしかない生態的環境、生命エネルギーの贈与の環へと入っていき、そこに「御先祖様」から代々「回帰的に」受け継がれてきた「冷たいクリエーションン」に出会い、習い、修めていく。その修業の過程で、冷たいクリエーションの「原点回帰」の探究と、熱いクリエーション＝「OSとしてのアート」の小さな物語素が、自然の〈生〉の不確定性・「無限」への賭け＝遊びの中で、奇しくも特異な「化学反応」を起こしはじめる。そうして、彼（女）らとその環境の一期一会にしかできない「サムシング・スペシャル」が生まれていく。

Artから霧散したかにみえた「創造性」は、今、幾人かの「小さなクリエーター」たちの中で発酵し、「復活」を遂げる。ここにこそ、藝術2・0の秘鑰が隠されている。

第4章　小山田徹――脱芸術から無技の技へ

二つの「ウィークエンドカフェ」

骨の髄にまで浸みいるような嫌らしい湿り気を帯びた、京都独特の寒さから逃れるように、入り口に散らばったたくさんの靴の間に、自分の靴も滑り込ませる。ドアを開けると、小さい火が暖炉の周囲に、火影を揺らしている。そこそこに広い、洋風の重厚な佇まいの広間に、人々が談笑し、あるいは真剣に議論している。私も、見知った顔を宛てに、カウンターで買い求めたワインを手に、この独特の「居心地の良さ」へと混じっていく。

「ウィークエンドカフェ」。一九九〇年代半ば、京都大学地塩寮に付属するYMCA会館（W・M・ヴォーリズ一九三一年設計）で、小山田徹をはじめとした数名の有志が運営していたカフェ。隔週の土曜日、夜八時頃から翌朝空が白み始める頃まで、ただ誰かと出会い、語らうためだけに、人々が集っていた。私は当時東京に住んでいたが、年に数回足を運んだ。私と同じく、遠方から、海外からさえ、訪れる者が絶えなかった。それは、小山田自身も言い、私もそう思っていたように、そこが「奇跡」の空間だったからだ。

何か特別なイベントがあるわけでもなく、飲食も向かいの酒屋などで仕入れたり、差し入れだったり。アーティスト（の卵）、アート関係者もいれば、京都大学や他の大学の学生たち、「アート」にも「大学」にも関係ない者たちが、ただ出会い、語りあう悦びを求めて集まっていた。何が「奇跡」だったのか。もちろん、小山田が当時属していたアーティスト集団「ダムタイプ」が国内外で知り合ったアート関係者（名だたるアーティストやキュレーター、演劇プロデューサーなど）が「自然に」入り混じり、ビジネスライクなミーティングとは違ったカジュアルでフラットな会話がなされていた、といったこともあったかもしれない。が、それにもまして、見知らぬ誰をも拒まない、この国にはいたって稀な独特のホスピタリティの奥深さにこそ、その「奇跡」は宿っていたのではなかったか。

それから約二〇年後、春の麗らかな昼下がり、京都駅の東、崇仁《すうじん》地区と呼ばれる一角へと、私はそぞろに歩いていった。そこそこに車も行き交う交差点に隣接した空き地に、円錐型のティピーテントがいくつか呑気そうに立ち並んでいる。三々五々、人が出たり入ったりしている。私もそこに紛れようと敷地に入ると、いつもの「懐かしさ」をたたえた、無精ひげの、小柄な男が、笑みを浮かべながら、出迎えてくれた。

ウィークエンドカフェ(2015年、写真提供:小山田徹)

小山田だ。

この「カフェ」も、「ウィークエンドカフェ」と名づけられていた。それは、現在小山田が教鞭をとる京都市立芸術大学のイベントの一環として、三月から五月にかけて毎週土曜日に行われていた。(1)名が同じところを見ると、二〇年前の「ウィークエンドカフェ」の〝再演〟なのだろう。

だが、様相はかなり違う。空き地にテイピー。そして、暖炉の代わりに、ここかしこに小さな焚き火。屋外での火気が御法度のはずの京都の街中で、平然と焚かれている。その周りに、人々がすずろに腰掛け、談笑する。見知った顔もちらほら。私も、屋台様のカウンターでビールと「焼き物」を買い求め、ある火に混ぜてもらう。春とはいえ、まだ空気には肌寒さが篭っているので、小さな温かみがうれしい。カフェの「マスター」は歳を重ね、場所も設えも全く異なるが、変わらず「小さい火」は焚かれ、人々がそれを囲む。はたして再び「奇跡」は起こっていたのか。結局、会期中一度しか足を運ばなかった私には、計りがたかった。

なぜ「カフェ」だったのか

九〇年代当時、「カフェ」という言葉はまだ日本語として全く馴染んでいなかった。わずかに、東京の青山や広尾といった「おしゃれな」界隈に、フランスのカフェのほぼ完全なコピーが何軒か、これ見よがしにその瀟洒を見せつけていたくらいだった(その後、九六年からスターバックスが上陸し、二〇〇〇年頃から東京を中心に「フレンチ」でも「アメリカン」でもない、独自のスタイルのカフェが現れ、やがてブームとなる[2])。

なぜ「カフェ」だったのか。ダムタイプは、八〇年代末から、ヨーロッパやアメリカへと海外ツアーを行うようになる。当然、かの地でカフェを目撃し、立ち寄ったりもしただろう。そうして、カフェが単にコーヒーや酒を飲む店ではなく、コミュニティの重要な拠点の一つ、人々の出会いを潜在的にアレンジし、深める結節点の一つであることを発見する。それを何とか自分たちの本拠地、京都にも持ち込めないか。その手作りの実験が「ウィークエンドカフェ」だった。

歴史的にも、カフェは、文化さらには政治の新しい流れ、変革を醸成する社会的装置であった。一七世紀後半から隆盛を迎えるロンドンのコーヒーハウス、そして一八世紀のパリを賑わせたカフェなどは、まさに文化・政治・経済の最新情報の集散拠点であり、ファッションの最新流行さえ生み出した。特にパリのカフェの幾つかは、「百科全書派」をはじめとしたイデオローグたちの巣窟であり、フランス革命の温床の一つがカフェであったといっても過言ではないほどだ。

そして、一九世紀末から二〇世紀初頭にかけては、ヨーロッパの主要都市で、Artist たちがカフェと濃密な関係を結んだ。ラパン・アジルをはじめとしたパリ・モンマルトルのカフェと印象主義、象徴主義、キュビズムの Artist たち、チューリッヒのキャバレー・ヴォルテールとダダイストたち、ベルリンのロマーニシェス・カフェとやはりダダイストやボヘミアンたち、など。

そうした「カフェ」の文化的・政治的潜在力を、二〇世紀も終わりに近い京都という文脈で新たに現勢させてみたい——はたしてそこまで明確な歴史的・社会的展望が、小山田を含めた運営者たちにあったかどうかはわからないが、少なくともそこでは新たなライフスタイル、生存の美学とも言うべきものが、そこに集う人々の身体・欲望の中で醸されていた。当時、メンバーの一人であった古橋悌二のＨＩＶ感染に直面したダムタイプは、その圧倒的に過酷な現実に対しそれまでの Art の文法の無力を痛感したことだろう。そして、彼らは、その現実を全身全霊で引き受け、そこから前代未聞の「創造」の賭け——Art の根拠のみならず、生存の在り方そのものを問うプロジェクト『S／N』を発明していく。そして、その生存の美学の実験場・醸成場の一つこそ、「ウィークエンドカフェ」だったのである。

『S／N』、生存の美学

その生存の美学について、二〇年後の今、再び詳述することは避けたい。私はこれまで幾度か、批評家としての「生命」を賭してまで論じてきたし、国内外の多くの論者が、それに魅せられ、あるいは戸惑いながら、己れの存在の奥底から言葉を紡ぎ出してきた。(3) だから、この論考の文脈——藝術2・0の文脈がより豊かになる範囲に言及をとどめたい。

瞥見した機会がある『S／N』のある企画書によれば、当時の彼らの世界認識の根底には、もはや「普遍的な世界」はありえないという認識があった。世界は砕け散った断片であり、その互いに孤立しあった断片をつないでいく「交通」にこそ、彼らの活動の基本姿勢があるという。断片としての人、物が出会い、いわば「幸せな事故」を起こす、そういう環境を組織化していくことこそ、彼らの創造行為だ。彼らはその創造行為を二つの位相の絡み合いと見る。「作品の創造」と「場の創造」である。

「作品の創造」として、彼らはパフォーマンス作品『S／N』を絶えず「work in progress」として創造しつづけ、そこでエイズ、ジェンダー、性、身体あるいはArtを巡る不可視の権力（「沈黙の申し合わせ」）を、自分たちの身体を賭して、問い、観客にもその問いを突きつけた。その「問い」は、Artに限っていえば、Artという欲望と感性の言説・実践をそのゼロ地点まで追いつめ、「芸術」どころか「芸」にすらなるかならないような「下手」なものをあえて「モノ」(4)として舞台に乗せる綱渡りのような「問い」でもあった。そして、Artを含めた生存のあらゆる領野を規制する「沈黙の申し合わせ」＝不可視の権力の内部に絡めとられながらコミュニケートし、創るのではなく、その〈外〉＝“OUT”に出て「愛しあい」「創造する」ことこそ、『S／N』の創造の美学であり、生存の美学であった。

I am “out”, therefore I am.（私は「OUT」している、ゆえに私はここにいる。）

その創造・生存の美学、あるいは（当時彼らが好んで引用していたミシェル・フーコーの表現を使えば）「生存の技法」を、「作品の創造」のみならず、舞台の外の社会空間にまで生々しく探ろうとしたのが、「場の創造」であった。ウィークエンドカフェの他に、（当時の彼らの用語法では）アートセンター・プロジェクトである「アートスケープ」、ＨＩＶ／ＡＩＤＳに関する啓蒙活動「AIDS Poster Project（ＡＰＰ）」、あるいはドラァグクイーンによるクラブイベント「Diamonds Are Forever」などといった「場」を、京都の街中に散種していった。

「作品の創造」と「場の創造」が相乗的に絡み合った『S／N』の全体は、畢竟、当時のメンバーの一人、ブブ・ド・ラ・マドレーヌがいみじくも言っているように、「アートとアクティヴィズムとのグラデーション[5]」、Art と Act との絶えざる往還、（当時の私の言葉で言えば）すぐれて「脱芸術」的な実践だったといえるだろう。

「大工」か「美術家」か——バザールカフェを営みながら

小山田は、盟友古橋悌二の死後（一九九五年）、ダムタイプが『S／N』から新作『OR』の制作・上演へと進んでいく中で、美学的・思想的に徐々に変質し、しまいには「転向」すら厭わなくなっていく過程で、他の何人かのメンバー同様、その変質に違和を覚え、悩み、微妙な距離をとっていったように（少なくとも私には）見えた。

おそらくは、そうして少しずつダムタイプの活動から離れていく中で、「ソロ」としての活動・仕事が増えていっただろう。しかし、当時の活動・仕事は「アーティスト」のそれというより、むしろ「大工」のそれと言ったほうが適切であった。ちょうど当時彼と行った対談の中で、彼自身「最近の僕の職業は『大工』なんです」と明言している[6]。「大工」として、店舗などの内装工事を請け負いつつ、その一環として一九九八年ごろから「バザールカフェ」なる新しいカフェ・プロジェクトを有志と立ち上げ、実行していく。同志社大学のすぐ近く、ある宣教師館（これもヴォーリズ設計）の一階部分を自分たちの手で改装し、毎週木金土と営業していたカフェ（現在も小山田の手から離れたが存続している）。少なくとも小山田の中では、先のウィークエンドカフェをより進化・深化させていった「共有空間」の試みであったろう。それは名こそ「カフェ」とあるが、喫茶（滞日外国人たちが日替わりで自国の料理を作る）以外に、あらゆる種類の「障害」のケア、ガーデニング、あるいはNGOに携わる研修生の育成など、通常のカフェの枠組みを超えた多岐にわたる活動を行った。

当時、おそらくは小山田らの「カフェ」に触発された幾人かのアーティストたち（小沢剛、きむらとしろうじんじんなど）が「カフェ」という装置に着目し、「カフェ」をめぐる作品・活動を行いはじめていた。アート業界は、それらを「アートカフェ」などと呼びたがり、私と小山田との対談も、編集部によりその文脈で組まれた（原題は「特集＝アートカフェ対談　コミュニティとしてのカフェ、ノードとしてのカフェ」だった。）[7]

しかし、小山田は、バザールカフェは「アートカフェ」ではないと言う。確かに自分＝アーティスト、より正確にいえばアートというスキルをもっている者が関わってはいるが、「少数派」であって、しかも、他のスキル・経験をもつ人たち（医師、看護師、身障者、患者会、フェミニスト、庭師、大工など）がやはり「少数派」であると同様、そうであるにすぎない。そこには、「アーティスト」としてのいかなる特権も、優遇もない。
バザールカフェも、ウィークエンドカフェ同様、「コミュニティのカフェ」だと言う。エイズのケア・サポートの世界で知り合った人たちは、その志の高さにもかかわらず、往々にしてストレスで疲弊していた。

そんなときに、グチでもええから、別の活動ではあるにせよ同じベースを持った人たちが集まる時間と場所を自分たちで獲得するのが一番近道と違うか、という話になったんですね。そのとき僕たちが先行してやっていたウィークエンド・カフェのノウハウをそれにつなげたんです。

そうした「時間」——社会的に制度化され強迫的に脅かしにくる〝時〟の隙〝間〟を広げ、弛ませるような〝時-間〟とでもいうべきものを生み出すためには、各々が一度「自分の職業性、ラベル」を外さないといけないという。完全に外すことは不可能ながらも、とりあえず外してみるからこそ出会えるような、社会的制度に規制された空間の外に半ば開ける〝空-間〟とでも言うべき場所。「お医者さんではあるけれど皿洗いもできるしコーヒーも飲んでいる、でもお医者さん。それが会話している中で医療的な問題に出くわし専門性が必要になったときにサジェスチョンできる立場に」

バザールカフェ（写真提供:小山田徹）

なれるような、半ば〈外〉の〝時空-間〟こそが、バザールカフェ。

「バザール」——持ち寄り、雑居、交換、賑わい。この場を立ち上げていった十数人は、もし各々が「理念」を持ち寄り、「組織化」の経験・ノウハウを持ち込もうとしたら、いつの間にか「理念」「組織化」が優先し、人々を統制しはじめ、やがてはその活動が硬直化することが身に沁みてわかっていた。だから、彼らは「理念」や「組織」よりも「楽しみ」を優先させた。「楽しみ」を持ち寄り、交換＝交歓するカフェ。

だから、モノのデザインも「モダニズム」。が、小山田の言うそれは、エッジの効いたよそよそしいデザインではなく、むしろ「ちょっとダサ目」。

白くて、プレーンで、しっとりくるデザインで、安くて効率的〔…〕従業員のエプロンや調度品にしても、できるだけ特殊なデザインを放棄して、でもギリギリ保てるものを選択したんです。

小山田の他のデザインもそうだが、この「モダニズム」は、モノが安らぎ、ゆとりが人を受け入れてくれるような、「しっとりとした」懐の深さをもつ。モノ同士が慎ましく囁きあいながら、そこに居る人たちを仄白く抱擁する。その場の〝時空―間〟をやさしく開いて、静かな賑わいを醸すデザイン。

そうして、「デザイン」がないかのようにデザインされた場に、人々は受け入れられ、開かれて、プライベートでもなくパブリックでもない、中間的な、小山田が「共有空間」と呼ぶ〈共〉の〝時空―間〟を、都度、紡ぎ出す。それは、「バリアフリー」の〝時空―間〟でもある。もちろん、物理的にもこのカフェはバリアフリーにできているが、同時に社会的・心理的バリアからもフリー、すなわち「沈黙の申し合わせ」としてのあらゆる不可視のバリアの〈外〉＝〝OUT〟を互いに志向しあい、「交通」しようとする場。フランスの思想家、ジャン＝リュック・ナンシーの言葉を使えば、まさに「ex-position（外―置＝露―呈）」の場。(8) そこに集う者たちは、戸惑いながらも互いに自己の外、バリアの外へと存在を開きあい晒しあい、〈外〉＝〝OUT〟を深めあっていく。ただそれは、単に互いの「弱み」「傷」を見せあうのではなく、それらを晒しあいながらも、同時に労わる、慈しむ、「ケア」する場でもある。

「アート」を脱する、そしていなす

小山田は、二〇年後、当時のことを振り返り、こう発言する。

九〇年代は、ダムタイプをやっていたっていうのがあって、まわりの人はみんな「美術家」って呼ぶんですよ。「パフォーマンスアーティスト」、「美術をやっている人たち」って。でも、エイズにまつわる様々な活動をしていくなかで、アートの欺瞞とか、そういうのをみんなで話し始めて、積極的にアートであることを否定してみたり、外してみたり、コミュニティカフェをつくってみたりと、逆にすごく意識してアートから外れようとしていた感じがあるのね。でも、外れようとする行為こそが、そのときはアートになって、笑、「めんどくさいなー」とか思って。そのあとソロをやって、食うていくために大工になるわけですよ。いろんな内装工事をやったりとか。食うていくために、朝起きたら「今日の私の職業」っていうのを作り出して、日雇いでも、なんでもやっていく状態のなか、人が集まる場所をつくることに関わるような形で、なんとか活動をしてた。[9]

『S／N』を通して、ArtとActを往還する中で、いつぞや「脱芸術」的ベクトルが振り切れ、小山田はArtの零度に触れ、身を置き始めたにちがいない。社会的に「アーティスト」として生きるのではなく、「大工」として、あるいはただの「人間」として生き始めたにちがいない。ただ、彼の内には長年培ってきた美術家としてのスキルが身体化されていた。そのスキルを活かし、毎日、「今日の私の仕事」を作り出していたのだろう。「日雇い」の大工仕事でも、知り合いの店舗の内装工事でも、あるいはたまに「アート」的な場づくりでも、彼にとっては、自分の身体化されたスキルが活かされ形を成す点では、同列の「現場」だったであろう。その、Artの零度の地平では、他者から「アート」とみなされる作業も、彼にとっては「アート」だからといって特別な、特権的な作業ではなく、他に作り出していた「職業」同様、（ちょうどバザールカフェの立ち上げ・運営において「アーティスト」が「少数派」であったのと同じように）「少数派」の仕事だったのだろう。

こうして、Artの零度に身を置きつつ、それぞれに「マイナー」な現場をかけもち、小山田は自らのスキルを形にしていった。ところが、いくら自分がArtという言説を身内から振り払っても、自分の外では依然としてその言説は幅をきかせている。今だにその言説にがんじがらめに絡め取られている輩が跳梁《ちょうりょう》している。そして、それらマイナーな現場・仕事を「アート」の新しい試みとみなし、意味づけ、言説に回収しようとする。

でも、そういうことをするようになってからのほうが、俺もうアートから離れて大工をやってるのに、まわりの人がその現場を見たら「アーティストがやっている」と見えている。だから、いちいち反論するのが面倒くさくなって、それを甘んじて受けて、利用する感じになったらすごい気が楽になった。他者が編んでくれた言葉を引き受けて、自分の言葉に変えたりとか、ちょっとも〔ママ〕整理ができて。ことさら自分から「美術」と呼ばなくても、勝手にだれかが「美術」と呼んでくれるっていう並行ラインがあるので、すごく動きが楽になった感じがあった[10]。

Art（「アート」）という言説は迫りくる。しかし、それを否定したり、それに反抗するのではなく、「甘んじて受けて」「利用する」。つまり、Art（「アート」）にもはや頓着せず、他の言説に対してと同様、それと戯れ、時にはいなしてみる。ある種の武術にも似た、身の構え、身のこなし。そこに、私が探っている藝術2・0へのとば口が開いているのではないか。

女川常夜灯は一〇〇年つづく…

無残に剥き出しになった土地に、薄闇が滲んでくる。あちらこちらに焚かれた小さな火が、厳かな賑わいを灯す。それらの火を囲み、人々が静かに語らい、笑いさざめき、あるいは黙しながら、霊たちを迎える。津波にさらわれた多くの命、そして先祖たちの霊を迎え、ひとときを共に過ごし、交歓する依り代としての火。

「女川常夜灯」。小山田は、「対話工房」というチームの一員として、地元の女川町復興連絡協議会と組んで、震災の翌年から、この「迎え火プロジェクト」を立ち上げ、現場の指揮をとった。私も、ふた夏、学生たちを連れ、手伝った。

またしても、火。なぜ、火なのか。焚き火なのか。小山田によると、おそらくは人類と共に古く、我々のDNAにも刻み込まれているはずの焚き火が、ここ四〇年ほど、特に都市部でほとんどなされなくなった。その、人類としての「不全」に気づき、それを取り除く行為こそが「アート」だという。いや、彼流の言い方では「たまたま『アート』というのを使ってみた(11)」という。

震災直後、女川でも、他の沿岸の被災地同様、人々は火を焚くことで辛うじて生き延びた。「あの時の火は命に見えた」という地元の人の言葉に、小山田も感じ入る(12)。それなのに、復興が進み、仮設住宅から復興住宅へと移り住みはじめると、それまで焚き火を囲みながら語らい、物事を相談していたはずが、よそよそしい「会議室」での「会合」になってしまい、いつの間にか、居住の安寧を慮って焚き火がご法度になるという「不全」が、ここ女川でも起こっていた。

その焚き火を、なんとかお盆の時だけでも復活させたい。命の、生存の象徴ともい

女川常夜灯（撮影：草本利枝）

うべき火、そして死者たちの霊を迎え、共に語らう霊媒としての火を。しかし、「大きな」火――「大きな中心性を帯びたイデオロギーめいた」[13]火ではなく、「小さい」火をたくさん。かつて「生活」が営まれていた各々の「家」のあたりで、火を起こし、囲みながら、この世とあの世の「家族」が、しばしの間、団欒を楽しむ。かつて「町」であった、今やむき出しの土地のあちらこちらに、それぞれのやり方で灯される小さい火。そこに、小山田や私のような外から来た者たちが混じり、団欒のお裾分けをもらったり、各々の今の生活、これからの生活への思いを交わす。

迎え火を「今後一〇〇年継続するぞ」という地元の方々の決意を聞かされ、私は、女川との関係性も一〇〇年継続することを私の子どもの代まで含んで考えねばならないと強く思うのである。[14]

一〇〇年の後、もはや小山田も、私も、そして今ここに生きている住民たちのほとんども、霊と化しているであろう時、この「常夜灯」は、災厄の記憶と共に、受け継がれ、町のここかしこに「小さい」火を灯しつづけていることだろう。それは、もはや「アート」でも、「プロジェクト」でもなく、この町の営みにしかと根づいた「祭り事」と化していることだろう。

火と人間

およそ人類のあらゆる発明の中で、火をおこす方法の発見こそは、最も記念すべきものであり、その影響力も大きかった。[15]

生命の長い歴史のなかでも特筆すべき〝変移〟であるホモ属（ヒト属）の出現をうながしたのは、火の使用と料理の発明だった。[16]

小山田は今や、Artの零度どころか、文明の零度に赴く。「人類」とともに古い火――寒気から守り、野獣を遠ざけ、料理を可能にし、魂の交流を促す火。人類が人類であることの基底に、何百万年と灯されつづけてきた火。私たちの藝術2・0の特徴の一つに「原点回帰」を挙げたが、火はいわば「原点の原点」、人類とその文明を誕生から灯しつづける「原点」に他ならない。

人類は、まさに火と共に「共進化」してきた。

人間は火を発明したのではない。デボン紀初期から存在するプロセスをとらえ、飼いならし、人間の目的に合うように変化させる方法を見つけたのである。人間が火を利用した期間は、長く見積もっても（ホモ・エレクトゥスも含めて）、地球上に火が盛大に燃えていた時間の〇・五パーセントにも満たない。しかしながら、その時以来火と人間は、互いの数を増やしながら、共生そのもののような共進化を遂げてきたのだ。(17)

そもそも火とは何なのか。突発的な熱エネルギーが投入され、酸素が急速に炭化水素と結合し、光と熱を放出する酸化反応のことだ。この反応を生じさせるには、熱・燃料・酸素という「火の三角形」が必要である。その「三角形」が地球上で最初に現れたのが、古生代であり、以来、火は、稲妻や火山の噴火、あるいは木々の摩擦熱などにより発生し、生態系を間歇的に作り直してきた（火の第一の時代）。しかし、今から約二〇〇〇万年前、それまで物理的なプロセスでしか発火しえなかったところに、人類が火を手に入れ、起こすという「革命」が出来する。しかも、多様な生物種の中で人類だけが、火の扱いを独占することになる（火の第二の時代）。そして、今から約二〇〇年前から、人類は化石燃料を燃焼させ、産業の基幹エネルギーとした。「人類は地質学的な過去から化石燃料を取り出して燃やし、地質学的な未来に燃焼による排出物を放出している。そして今日の人類は、有毒な排出物と温室効果ガスという重荷を背負うことになった[18]」「人新世（anthropocene）」としての火の第三の時代。こうして、人類は、地球上での火の歴史に棹差し、火の扱いを独占しつつ、火と共に共進化してきたと言えよう。

私たちは、火を前にし、あたっていると、存在の内奥、生命の源が心地よく疼き、その絶えず揺らいでやまない炎に魅せられる。確かに人間は火と共に共進化してきたがゆえに、そうであるとも言えるだろう。しかし、それだけではない。実は、火と生命には、さらにミクロな、分子的親和性があるのだ。私たちの生命を司っている呼吸とは、「ゆっくりした」燃焼に他ならないのだから。

呼吸は、酸素を用いて有機物を、水と二酸化炭素に分解し、エネルギーを生み出す反応である。火による燃焼の反応も、これと全く同じ過程をとる。違いは、①反応のきっかけが燃焼の場合、発火などの高温であるのに対し、呼吸の場合は、低い温度で酵素の働きにより反応が進む。②燃焼の場合、光と熱エネルギーが一挙に放出されるのに対し、呼吸の場合は、反応がゆっくりと進み、化学エネルギーが放出され、細胞内のATP（アデノシン三リン酸）に蓄えられる。

私たちは、前章で、光合成や呼吸という「効率のいい」エネルギー獲得方法に対し、発酵は「効率の悪い」エネルギー獲得の「第三の道」であることを見た。そして、ATPが、こうして生態系を巡る生命エネルギーの環＝ギフトエコノミーの循環における「共通通貨」であることを確認した。その環を、火が、燃焼が、時折、諸処で焼尽し、更新する。

だから、呼吸は、細胞内で起こる「ゆっくりした」「低温」の燃焼とも言えるし、逆に燃焼は、細胞外で起こる「素早い」「高温」の呼吸と言えなくもないのだ。

呼吸する生命の一つである、人間は、燃える火に独特の親和性を感じる。生命の根源が疼くほどに魅せられる。なぜなら火は、呼吸する生命の外在化、急速な焼尽に他ならないからだ。

「あの時の火は命に見えた」という女川の人の言葉は、まさにその親和を直感的に言い当てたものだ。

無技の技へ

私は前章で、小倉ヒラクの『発酵文化人類学』について考察しながら、藝術2・0の要諦の一つは、「冷たい」クリエーション（みそ作りや酒造りのような先祖伝来回帰的に営まれてきたモノ・コトづくり）へと原点回帰しつつも、それを「熱い」クリエーションによって再デザインする技ではないか、と問うた。そして、「熱い」クリエーションが起動する基盤には、小倉が「ＯＳとしてのアート」と呼ぶものがインストールされているが、その実態は、デジタル・メディアを手にした「小さなクリエーター」たちがサンプリングし編集してきた〝美〟のシミュラークルと、彼らが地球をめぐる「リアルな」旅の途上で狩猟採集してきた文化的・美的断片との奇妙な混成体、各々が両者を特異な形で編み込んだ「小さな物語」なのではないか、と問うた。

小山田もまた、焚き火という「原点の原点」、おそらくは人類にとって最初の「冷たい」クリエーションにまで回帰する。では、小山田において、それを再デザインする「熱い」クリエーションとは何なのか。それこそ、彼の内に身体化された「スキル」、彼がいまだに辛うじて「美術」と呼んでいる技なのではないか。その「スキル」「美術」を、彼は世界的に活躍するアーティスト集団の一員として、Art の真っ只中で、しかし、それを零度に至るまで縦断する形で、体得し、発酵させ、さらには蒸留していったことだろう。それこそ、彼が逆説的に「モダニズム」と呼んでみせる、デザインなきデザインの技、限りなく零度に近いデザインなのだろう。「白くて、プレーンで、しっとりくる」「ちょっとダサ目」な「できるだけ特殊なデザインを放棄して、でもギリギリ保てるもの」なのだろう。「なにかの間にあるものをさわる」ことによって「新しい価値観や回路をつくる」こと。

だから焚き火場を開くときも、ロケハンから始まり、ちょっとした距離とか、ベンチの置き方とか、火の大きさの具合とか、受付の方向とかね、細かいところなんやけど大切で。そして、そういうところはなかなか説明し得ない。こだわりと、ある種の勘になってる感覚がある気がする。[19]

その、デザインの「吟醸」ともいうべき「美術」に、彼のもう一つの欲望、狩猟採集癖が混入する。彼は、地球のいたるところを歩きながら、人間が打ち捨て、忘れ去ったモノの断片を拾い集め、「デザイン」の、「美術」の素材とする。都市を彷徨しながら「ゴミ」を拾い、洗い、屋台様のカウンターで訪れる者たちと共に小さな板の上に「コラージュ」する（「カラス板屋」）。あるいはアメリカ合衆国を三ヵ月かけて横断しつつ、時には荒野をさまよい、原住民たちの「遺品」を拾い集める（「風景の記憶」）。さらには、洞窟に入り込みながら未知の空間を「採集」し、実測図を作る（「Compass Caving Unit」）[20]。そうして、小山田は、人類により忘れ去られた断片を採集し、蘇らせ、新しい関係性、「回路」を紡ぎだしていく。小山田の「小さな物語」、「ＯＳとしてのアート」とは、だから、地球上（中）から「狩猟採集」してきた断片たちの「間にあるものをさわる」、デザインなきデザインの「モダニズム」＝「美術」と言えるだろう。

その「美術」「スキル」を、彼は、いわゆる「美術界」「アート界」で活かすだけでなく（その場合でも「たまたま『アート』というのを使ってみた」にすぎなかろうが）、むしろ積極的に他の世界――彼にとって「アマチュア」にならざるをえない世界に持ち込み、試し、磨きをかける。

自分がプロフェッショナルとしているスキルを翻訳してアマチュアの世界に持ち込んで通用した時に、初めて本当のスキルになるのではという気がしています。美術業界、ダンス業界のスキルは、業界で通用するスキルなんです。それが、自分にとってのアマチュアの世界で本当に活かせる時が、良いスキルになるのかなと。[21]

そうして小山田は、己の「美術」「スキル」を、カフェに、屋台に、焚き火に、さらには大学、塾（彼はパートナーと塾も営む）、家庭にまで持ち込み、その技を磨く。しかし、その技は、およそ「技巧を凝らす」という意味でのそれではなく、むしろそれが「技」なのかどうかさえ気づかれないほどの技、「無技の技」とでもいうべきものに近づいていく。

モノとモノの間をほんの少し「さわる」だけの「無技の技」に無意識に促されて、人々が集い、語らい、黙しあい、その沈黙、呟きを通して、ex-poser（露–呈＝外–置）

しあい、〈外〉＝“OUT”で「交通」し交歓する「共有空間の獲得」。そして、彼らの間には、火が、呼吸する生命の疼きそのものである火が、その炎を閃かす。炎が刻々と姿を変えるように、私たちの生も生滅流転する。そうして森羅万象、生きとし生けるものが、燃えては消え、消えては燃える中で、今ここだけの一期一会を楽しむ。「サムシング・スペシャル」な共有空間。

第5章　三田の家、あるいは創造的な「あわい」／乱交場の政治性

私の「OSとしてのアート」

私は、第3章「藝術2・0は手前みそ作りなのか?・」の中で、（レヴィ＝ストロースの「冷たい社会」と「熱い社会」を変奏する）小倉ヒラクの「発酵文化人類学」に言及しつつ、藝術2・0の要諦と思しきものの一つを以下のように問うた。「藝術2・0は、『冷たい』クリエーションに根を降ろしながらも、それを単に回帰的に反復するのではなく、それを『熱い』クリエーションによって再デザインする技、『オーガニック軸』に沿って原点回帰しつつも、同時に『イノベーション軸』に未来的可能性を開花させるような、いわば『冷たく』も『熱い』、逆説的なクリエーションと言えないだろうか」

そして、私が試みた小倉へのインタビューで、小倉は、藝術家2・0たちの「熱いクリエーション」を作動させているのは「OSとしてのアート」なのではないかと指

摘した。彼自身は、インタビューで、その「OSとしてのアート」が何たるかを詳らかにしなかったが、私は自分なりに、彼の示唆を勘案しつつ、その中身を以下のように言い当ててみた。「［一九八〇年代のバブル時代以降］デジタル・メディアでサンプリング［グ］し編集してきた〝美〟のシミュラークルと、地球のあちらこちらで「リアルに」体験し「狩猟採集」してきた文化的・美的断片（そこにはもちろんArtのそれも入りうる）との奇妙な混成体」と。「小さなクリエーター」たちが自らの内で発酵させてきたこうした混成体＝「小さな物語」こそ、小倉が「OSとしてのアート」という言葉で指し示そうとしたものの内実ではなかろうか、と私は推察した。

では、翻って、筆者である「私」にとっての「OSとしてのアート」とは何なのだろうか。

バブル時代を丸ごと不在にした（一九八四年―一九九一年）私は、日本に乱舞していた高度消費的美のシミュラークルに幻惑される代わりに、当時そうしたシミュラークルの生産・消費の点ではるかに「後進国」であったフランス（そしてヨーロッパ）で、Artを（先述したように）全身全霊で学び、満身創痍になるまで自らの存在へと化肉していた。Artの探究の極北の一つ、マラルメの「虚無」への沈潜と、そこからの再生・帰還を追体験していたがゆえに、Artの底なき底、Artの「第一の死」の実相をまざまざと〝知って〟しまっていた。

そうして、バブル景気の崩壊とほぼ同時に帰国した私は、経済的には奈落へと向かいつつも、文化的にはいまだ「バブリー」な気配を濃厚に湛えた同時代の文化現象、中でも（Art の視点から見れば奇妙奇天烈すぎて〔カトリーヌ・ダヴィッドのように〕Art にすら見えないかもしれない）この国の「（現代）アート」に急速に強い興味を抱いたのだった。しかも、その「アート」を単に研究・批評するばかりでなく、自らも創り、踊ったりしながら、理論と実践双方から「アート」の何たるかを探索していった。ともに、本家本元の Art が、「第一の死」以降現在に至るまで、いかなる変容を遂げていったかを追跡し、「第二」「第三」「第四の死」への葬送を追認していった。

一九九八年から二〇〇〇年にかけ、私はニューヨークに滞在した。だが、私はこの Contemporary Art の「メッカ」で、決定的に（Contemporary）Art への興味を失った。すでに（第2章で言及した）Art の「ゾンビ化」が進行しつつあり、Art は精神性・創造性を脱魂され、金融商品化しつつあることを、肌身で感じたのだ。

私は、以降徐々に、Art とアートに興味を失い、その現場から離れ、批評の筆も置くことになった。が、私の中ではそれまでに（半ば預かり知らぬところで）「OSとしてのアート」が熟成されていたのだった。その私の「OSとしてのアート」とは、思い返してみるに、高度消費的美のシミュラークルの代わりに、Art という〝もう一つの〟「OS」の追体験・化肉と、そこからの（Art の「変異体」とも言える）日本の「アート」の理論的・実践的逆照射、そしてもちろん、欧米をはじめとした世界各地で感応し「狩猟採集」してきた様々な文化的・美的断片との、「私」ならではの混成体＝「小さな物語」だったと言えるだろう。

その「ＯＳとしてのアート」を、私は（もはやArtやアートではなく）何に転用したのか。教育、学び、にである。小倉が挙げる醸造家たちがその「ＯＳとしてのアート」を、酒づくり、味噌づくりに活かし、音楽を奏でるように、発酵を「聴き」、微生物たちとセッションするのと同様、私は、自分の「ＯＳとしてのアート」を、自分が早一〇年費やしてきた教育の現場に転用し、授業を一つの「作品」、学生たちとともに作りだす「作品」のように捉え、実践しようとした。学びという「冷たいクリエーション」を、私の中で発酵していた「熱いクリエーション」のＯＳで再デザインしようとしたのだ。

そうして、これから詳述する「美学特殊Ｃ」という授業を学生たちと（再）デザインし、その方法論なき方法論を、やはり「アートレス」を標榜していた美術家（？）川俣正と、「セルフ・エデュケーション」という名の下に探究・編集し[1]、また自らのダンスの経験を、「教養教育」の中に、「身体知」の復権として注入していった[2]。

さらに私は、マラルメの「虚無」の追体験以来、その亡霊に苛まれつづけていたがゆえに、それを払拭すべく、改めて実存のゼロポイントへの（再）修行、すなわち瞑想を本格的に始めることにした[3]。しかし、その孤独な精進のみに甘んじることなく、その、生の諸条件から「解脱」する経験、知見を、今度は一転して「学び」の現場へと投じ、学生たちの実存へと「純粋贈与」し、学びの諸条件をゼロから問い直し、学生とともに自分たちの学びを再デザインする、そうした前代未聞の学びの冒険――「三田の家」へと至る冒険へと乗り出していった。

創造的な「あわい」

三田の家。それは、本当にただの家、大家さんには申し訳ないが、かなりの「ボロ家」だった、築四十数年のごくありふれた木造二階建ての家。東京・港区、（私が当時教鞭をとっていた）慶應義塾大学の三田キャンパスから歩いて二分ほど、居酒屋などが所狭しと並ぶ「庶民」的な界隈に埋もれ忘れ去られていた空き家を借り受け、何ヵ月かかけ、内外装を自分たちの手で改め、再び社会に向けて扉を開いた「家」だった。

教室、会議室、カフェ、食堂、宴会場、ギャラリー、映画館、コンサート会場、休憩場、道場……、ありとあらゆる場所になりうるが、いかなる場所でもない、「無目的」な場所。大都会の只中に開けたエアポケットのような、「あわい」(4)の空間。それが、三田の家。

二〇〇六年から二〇一三年にかけて、その「家」は（ウィークエンドカフェが「奇跡」を起こす場だったように）東京という超資本主義的メガシティの中で、ひっそりと、ほとんど目立たない形で、だが数々の小さな「奇跡」を生み出していった。いったい、

三田の家での筆者の「授業」

この年月の間、どれだけの、どのような人たちが出入りし、出会い、交わったのか。誰も、私も、知らない。でも、その「奇跡」を経験した幾人かは、そのかけがえのない体験の「種」を、各々の町に持ち帰り、蒔き、育てていった。ちょうど、私が、ウィークエンドカフェの「種」を東京に持ち帰り、蒔き、「三田の家」として育てたように。

　私は、その立ち上げに関わり、運営に携わり、この絶えず「発明」しつづけなくてはならない「創造的な欠如」[5]の場を、他の有志たちと共に、作りつづけた。閉じてから六年ののち振り返ってみるに、それは、藝術2・0を予感させる一つの試み――「学び」を原点まで問い直し、そこから全く新しい学びの風景を描こうとした、いや、「学び」を根底から問い直したからこそ、

「学び」を大きく超え出てしまった、未曾有の、未だかつてこの社会が知らなかった、いたって特異な社会的空隙、〝時空-間〟を創造しつづける無二の試みだったように感じられる。全くの「手前みそ」で恐縮だが、この三田の家という、私もその「醸造」に深く関わった「サムシング・スペシャル」な場について、渦中にいた者だからこそ見えていた（でも私なりの）実相、そして、それが秘めていた「藝術2・0」への予感、さらにはある種の「政治性」にまで語り及んでみたい。

運営する人たち・仕組み

社会的な「あわい」、「創造的な欠如」であった三田の家は、しかし、単なる屋根つきの空き地だったわけではなく、具体的な人たちがある仕組みによって運営していた現実の場であった。

それはまず、「大学」の枠組みとしては、「インター・キャンパス」プロジェクトという、ささやかながら「オルタナティヴ・ユニヴァーシティ」を作り出してみようという、いささか逆説的な「大学」の研究プロジェクトの実験であった[6]。その趣旨に共鳴してくれる教員・学生、あるいは学外の賛同者を募り、探し出し、共に三田の家の基本的コンセプト（といっても、結局、「無目的」とか「あわい」「欠如」とか言語化不可能なコンセプト〔?・〕に行き着くのだが）、その運営の仕組みなどを、ミーティングにミーティングを重ね、練り上げていった。

それはまた、「無目的」であるとともに、いやそうであるからこそ、置かれる文脈次第で、当初から多面的な顔を呈した。それは「オルタナティヴ・ユニヴァーシティ」の実験であると同時に、当時ようやく少数の大学（人）が気づき、試み始めていた「大学と地域の連携」の可能性を探る先駆的な試みの一つとしても構想された。そこで「大学－地域交流ラウンジ」構想という顔をまといながら、大学が位置する三田界隈、特に三田商店街にアプローチしていった。戦前まで、慶應のお膝元の学生街として活気を呈していたこの界隈も（「銀ブラ」ならぬ「三田ブラ」という言葉さえあったという）、他の学生街の御多分に洩れず、戦後徐々に衰退し、さらに商店街の目抜き通りであった国道一号線（通称「三田通り」）の拡幅以降は、もはや「商店街」の体すらなさず、多くのチェーン店、フランチャイズ店の進出に、高齢化する店主たちは、大いに危機感を募らせていた。

古の学生街としての賑わいから現在の衰退までを生きてきた店主たちに、私たちは、この「大学－地域交流ラウンジ」構想を提示し、共に「二一世紀的学生街」を創出してみないか、と誘いをかけた。が、学生街、そして何よりも商店街の再生を図りたい彼らと言えども、学術的文言が散りばめられた企画書を携えた、いたってカジュアルな出で立ちの私たちの「誘い」に半信半疑であるのは致し方なく、しかし私たちも地道に粘り強く勉強会や飲み会などの付き合いを重ねて、「人間」としての信頼を得ながら、ようやくこの「ラウンジ」＝「三田の家」の共同運営者として三田商店街振興組合が名実ともに参画してくれるところまでこぎつけた。

こうして、大学人と商店主という「マルチカルチュラル」な陣営が運営に乗り出した三田の家の運営の仕組みとはいかなるものだったか。それは主に「マスター制」と「メンバー制」と呼んだ仕組みであった。

「マスター制」――曜日ごとに原則一人ないし複数の「教員」が「マスター」を務める。「マスター」は、その曜日の「ディレクション」を行う。ゼミなどの授業、ワークショップから始まって、「何もしない」という企画なき企画に至るまで、ありとあらゆる出来事の可能性が「マスター」に託される。しかし、「マスター」と言いながらも、ほとんどの場合、場を「仕切る」「統制する」役割からはほど遠く、むしろディレクションなきディレクションとでもいうべき役回りに徹する者が多い。とは言っても、どのマスター（＝教員）もそれなりの経験を積み、人脈ももっているため、その潜在的なプログラムが自然に作動して、人々が集まり、事が起こっていく。その色合い、風景が、自ずと各曜日の「カラー」を醸し出していく。

「メンバー制」――サポーターたちが金銭込みで、この絶えずアドホックでありつづける場を支えてくれる。一番のサポーターは、何と言っても商店街の店主たち。振興組合として経済的に支援してくれる傍ら、その日に売れ残ったパンやら和菓子やらをふんだんに振舞ってくれたりする。他にも、三田の家の趣旨に賛同し、「会費」を払い込んでくれる（公式の？）「メンバー」が数十人いたが、彼らも含め実質の「メンバー」は、何よりもこの「家」を常連とする多種多様な人たち、およそここ以外の文脈では絶対に遭遇しない、ましてやコミュニケートしないであろう異種異様な人たちが、何故か、この「無目的」な「あわい」の魅力に惹きつけられ、同じ屋根の下、気がつくと言葉や盃を交わし、互いに聴き入り、あるいは調理に勤しみ、共に在ることに興じている。そして、夜が更ける頃には、誰ともなく片付けを始め、場が元に整えられ、去り際に各自「寸志」を小箱に入れ、帰途についていく。

こうした「マスター」たちと「メンバー」たち、そして「マスター」でも「メンバー」でもない者たちが絶えず出入りし、仕組みなき仕組みに動かされ、都度即興的に作り出しつづけていた三田の家。それは、ともすると「同種」の人間たちで群れやすい、いまだに「鎖国」的な心性に浸されたこの国にあって、およそ（多くの外国人留学生が出入りしていたこともあってか）考えうる限り最も「コスモポリタン」な、「アナーキー」ですらある「社交」の場、いや「乱交」の場と言っても過言ではなかったろう。

「美学特殊C」

その「家」は、しかし、少なくとも私にとっては、「学び」というものを突き詰めていった結果、「学び」のいわば〝ゼロポイント〟から立ち上げていった場であった。だからこそ、通常理解される「学び」の概念・領野から大きくはみ出る特異な場を生み出し続けていった。「学び1・0」を「学び0・0」まで掘り進めた結果、知らぬ間に「学び2・0」へと突き抜けていた、そんな感覚があった。

また、その「学び0・0」への掘削は、二重の位相をもっていた。一つは、「学び」という、おそらくは「火」の使用とともに古いかもしれない原初的社会行為の原点までの遡行。もう一つは、その遡行を潜在的に可能にしたであろう、私自身の実存の零度への冒険と、そこからの帰還。そうした二重の「学び0・0」への掘り下げ、「原点回帰」から、この「家」、この上なくアナーキーで特異な「あわい」が励起していった。と、少なくとも「私」という文脈を通して見た時、思うのである。

ではまず、一つ目の位相から見てみよう。

私は、七年に及ぶフランス留学から一九九一年に帰国し、翌年から母校、慶應義塾大学で教鞭をとり始めた。担当科目は、フランス語、文学、芸術学、現代思想などだった。

学生時代、大学のあまりの不毛さ——「知の砂漠」に思えた——に辟易していた私は、逆に自分が「教える」立場になった今、その「砂漠」に少しでも「潤い」をもたらそうと四苦八苦した。しかし、熱情は空回りするばかりで、最初の五、六年は「革命」的なことは何もなしえなかったように思う。

大きな転機は、二年間のニューヨーク滞在から帰国してしばらく経った二〇〇二年。文学部美学美術史学専攻の「美学特殊C」という授業を担当したことだった。おそらくは通常なら美学の特論的科目であろうに、私はなぜか、青天の霹靂のごとく、「学び」を根本から捉え直してみたい欲望に駆られた。自分＝教師が一年間の授業を（当時はまだ通年制であった）プログラムし、それに学生たちを従わせるのではなく、学生たちが自らの手と頭で、自分たちの学びたいことを学びたいように学ぶ。つまり、学生たちが、机や椅子の配置などの教室の使い方から始まって、はたしてこの牢獄か病室のように無機的な空間に九〇分間座り続けるということが自分たちの本当に学びたい環境であるのか、今自分たちはいったい何をどのように学びたいのか、それを実現するにはどのような工夫・努力が必要なのか、このように自分たちが「つくる」授業に参加する者たち＝自分たちに「ＡＢＣＤ」のような成績で評価するとはいかなる事態なのかに至るまで、ふだん学生たちのみならず教員ですら問おうとしない自分たちの「学び」の自明そして根本を問い直し、そこから自分たちにとって最も望ましい「授業」を立ち上げ直していく、そんな「学び」の原理的かつ「革命」的実践を、この「美学特殊C」で実行しようと、突如思い立ったのだった。

そうしたメッセージを伝えるだけの「講義要綱」（当時はまだ文部科学省からの「シラバス」の指導はなかった）を読み、なぜか文学部の一専攻の「特殊」な科目であるにもかかわらず、他専攻他学部・大学院から総勢六〇人もの学生が集まった。

「萬来喫茶イサム」

そして、文字通り、私と学生たちは、自分たちの「学び」を〝ゼロ〟から立ち上げ直すという、おそらく前代未聞の冒険に乗り出した。そうして、本人たちにも意想外な企画が数々生み出され、実行に移されていった。その中でも、のちに三田の家に至り着くことになる二つの企画があった。「京島編集室」と「萬来喫茶イサム」である。

前者は、東京の下町に空き家を借りて住み込み、しかしあえてイベントやワークショップなどの仕掛けをすることなく、〝素〟で住んでみて、いったいどんな出来事が生起していくかを体験し記録するというプロジェクトなきプロジェクトだった。その場にたまたま居合わせた人たちから自ずと生まれるアイデアに即して「室」は変幻自在に使われていく。明らかにここに三田の家の原型の一つが伏在している。

「萬来喫茶イサム」。彫刻家イサム・ノグチが、第二次世界大戦直後、空襲で焼けたキャンパスを見て、そこに新たな知と文化の再生を強く願って、教職員・学生分け隔てなく集うために、建築家谷口吉郎とコラボレーションした「新萬来舎」。その、ノグチのキャリアにおいても最重要な作品の一つのコンセプトを裏切るように、大学は(私の知る限り)長きにわたって、「千客万来」のはずの空間を封印してきた(学生のほとんどがその存在すら知らなかった)。挙げ句の果て、ゼネコンが新たに建てる校舎により駆逐される危機に及んで、学生たちが立ち上がり、解体される前にノグチのオリジナルのコンセプト・思想を真に実現すべく、「千客万来」の「カフェ」的空間(もちろんウィークエンドカフェ的意味で)にしようと、大学当局と粘り強く交渉した末、実現できたプロジェクト。「フェスティバル/トウキョウ」の前身「東京国際芸術祭」のコミュニケーション・プログラムとも連携したことから、国内外のアーティストたちが気ままに訪れ、舞い歌い、あるいは学生たちとおしゃべりする傍らで、ギフトエコノミー的な贈りあいの経済が繰り広げられていた。ここに、もう一つの三田の家の原型が潜在していた。

「インター・キャンパス」、「オルタナティヴ・ユニヴァーシティ」

「美学特殊C」による、「学び」のゼロポイントからの立ち上げ直しは、その「革命」的快感を伴って、さらなる展開へと、私、そして「同志」たちを突き動かした。一授業から、今度は「大学」全体を根底から問い直し、二一世紀という人類史的文脈にふさわしい大学とはいかなるものか。それはそもそも「大学」なのか。もしもや「大学」でないとすれば、それはどのような学びの場なのか。そうした根源的問いを自分たちに課し、しかしその問いかけを存分に楽しみながら、次なる展開・行動に出た。それが、三田の家へと直接つながっていく、前述の「インター・キャンパス」プロジェクトであり、「オルタナティヴ・ユニヴァーシティ」プロジェクトであった。

やや長いが、三田の家の根幹なき根幹に強く響く思想が込められているので、二つのプロジェクトのコンセプト文の枢要部分をここに引用したい。まず（時系列的には逆だが）後者から。

今、日本の大学は大きな転機を迎えています。

近代の知に基礎をおいたそのシステムは、世界の歴史・知の現在にうまく適応できぬまま懊悩しています。確かに、今、全国の大学で改革の試みがなされていますが、それらはほとんどすべて「教える」側からの提案であり、「学ぶ」あるいは「学びたい」者たちの意見が直接反映されているとはいいがたい状況です。

そこで、私たちは、学ぶ者の視点から、「大学」を根本的に考え直してみたいのです。現在の、そしてこれからの社会にとって、本当に必要な大学とはどんなものなのか、大学とは本当に必要なのか、ゼロから考えてみたいのです。何を学びたいのか？　誰から学びたいのか？　どのように学びたいのか？　どんな場所で学びたいのか？　一緒に考えてみたいのです。そして、考えるだけでなく、ささやかながらも、自分たちの手で、自分たちが学びたいと思う「場」――オルタナティヴ・ユニヴァーシティ――を実験的に作ってみたいのです。

そして、「インター・キャンパス」プロジェクト。

　そこで我々は、そのような大学の知の自閉的状況を打開するため、オンキャンパスとオフキャンパスのインター・フェイスとして機能する学習の場、「インター・キャンパス」の創造を提案する。大学と非営利な組織・ネットワークの協力により、東京の某所にこのインター・キャンパスの拠点となるようなコーディネート組織＝サイトの創設を目指す。それは、従来の学校、シンクタンク、ギャラリー、カフェ、スタジオ等の機能の一部を転用しながらも、そのいずれにも特化しない、ある未知な場となることだろう。そこでオーガナイズされる様々なオフキャンパス・プログラムに、学生はインターンシップの形で参加し、現場で様々な実践を試みることになる。そしてオンキャンパスでは、それと並行して、その現場での体験に理論的に考察を加えるような授業プログラムを展開していく。こうして、体験（オフキャンパス）と理論（オンキャンパス）が絶えず相互作用するようなリベラルアーツ・カリキュラムの創造を目指す。

「インター・キャンパス」プロジェクトの開始が二〇〇一年四月、美学特殊Cの開講が二〇〇二年四月、「オルタナティヴ・ユニヴァーシティ」プロジェクトの始動が二〇〇四年六月、そして三田の家の仮オープンが二〇〇六年九月。四年半もの歳月の間、この創造的な「あわい」は、関係した者たちの中で、間で、少しずつ「発酵」していった。「学び」のゼロポイントからの問い直し、立ち上げ直しは、そうして、通常の「学び」を大きく超え出しながら、しかし、ここかしこと、小さい学びの「奇跡」――学びがいわば裸形になり、その魅惑と危険を、教える者／学ぶ者が自らの実存を賭してしか体験しえない、そうした「奇跡」としての学びを、沸々と生起していった。

その「奇跡＝賭け」としての学びについて語る前に、「学び」の掘り下げのもうひとつの位相、私自身の実存の零度への探索とそこからの帰還について語りたい。そして、その二つの位相の関係性――いかに後者が前者の必須条件となるかについて語りたい。

「最初の先生」

ところで、教育学者矢野智司は、教育には、質も素性も異なる二つのものがあると言う。「交換としての教育」（ないし「発達としての教育」）と「贈与としての教育」（ないし「生成としての教育」）である。前者は、通常の教育（学）界で前提とされるもので、ある共同体において、その未熟な成員が成熟した成員となるよう身体と知能の両面で段階的な発達を促す教育で、それは畢竟、その共同体が自らをふさわしい形で再生産できるよう、その成員をも再生産するシステムであり、したがって、教師も生徒も交換可能な構成要素として機能する教育の在り方である。

それに対して、後者の「贈与としての教育」は、共同体の内部ではなく、外部からやってきた異邦人が、共同体の者たちに「共約不可能な異質性をもった体験」を「一切の見返り」を求めることなく「純粋贈与」としてもたらす類のものである。(7) そのような自らの異質な体験を純粋贈与する異邦人を、矢野は「最初の先生」と名づける。そして、「最初の先生」の具体例として、ソクラテス、ブッダ、イエス、あるいは宮沢賢治、ニーチェのツァラトゥストラ、夏目漱石（の『こころ』の「先生」）を挙げる。

最初の先生は純粋贈与をすべく共同体の外部からやって来る。ソクラテスやニーチェの想像したツァラトゥストラがそうであるように。そしてこの先生は「ほんたうは何か」という問いを極限にまで推し進め、パラドキシカルな対話を通して、ときには笑い弾けるユーモアを交えながら、共同体の道徳で固定した対話者の解釈枠組みを揺さぶり破壊し、そして対話者に共同体（意味の体系）の外部を指し示す。それは死と再生というイニシエーションと同じ構造をもっている。[8]

矢野は、さらに「最初の先生」の特性を描き出していく。矢野は、作田啓一の「個人（主義）」の誕生の理論を援用しつつ、「最初の先生」もまた作田の言う「個人」、「世俗外個人」の典型であると言う。

なによりも重要なことは、個人となるためには、世俗的秩序の外部に出て（抽象的にいえばこの世界の外部）、超越的存在と交わるという溶解体験を必要とすることである。[9]

「贈与としての教育」を為しうる「最初の先生」への「再生・変容」を可能にする実存的転回点としての「超越的存在と交わるという溶解体験」。私は、その体験を、文学の探究、ブランショの言う「死」の空間としての「文学空間」の探究、なかんずくマラルメの「虚無」への沈潜を追体験しながら、深め、実存的に「死」して、辛うじて「再生」していった。その体験は、マラルメのそれの宇宙的とも言える熾烈さに比べるべくもなかったが、しかし、「自分」をそれまで形作っていた生の諸条件（「世俗的秩序」）をことごとく解体するには十分に過酷なものだった。

私は、渡仏前からその「溶解体験」の只中にあり、渡仏後は、そこからの「再生」に、心身が深く病むまでに手こずりながら、文字通り満身創痍で帰国した。

その姿が、当時の学生たちにどのように映ったかわからない。だが、少なくとも言えることは、マラルメを通して、そして他の真摯な芸術家、思想家を通して、私は、全身全霊を賭して、Artに取り組み、思想に取り組んだ。いや、それは「取り組み」という生ぬるい言葉では到底かなわぬ、むしろ「取っ組みあい」、血みどろの「格闘」であった。

おそらく、そうした全身全霊を張り、賭する格闘を長年経験したがゆえに、その闘う相手が「学び」「大学」であっても、同様の身構え心構えで臨めたのであろう。その、「学び」を、「大学」を、「ほんたうは何か」と全身全霊で問い、その問いの本質的起爆力を体現していたであろう私の姿は、もしかすると彼らにとって「最初の先生」のそれに見えたかもしれない。私の全身全霊を賭けた「贈与」を、受け取ろう、「学ぼう」としてくれたのかもしれない。その「贈与＝賭け」としての学びが、「美学特殊C」を可能にし、三田の家を可能にしたのかもしれない。

Jeu（賭け＝戯れ）[10]としての学び

この「贈与＝賭け」としての学びの実質とは何だったのか。それを改めて突き止めるのに、ある若手の研究者がまさにこの特異な学びについて論及した次の一節が参考になろう。

しかし、かような美学特殊C――京島編集室における学びの構造（いわば意図的な学級崩壊）においては、学びの形式は設定され得るが、学びの内容に関しては、大枠の方向付けのみが可能であり、ある特定の内容を確実に教授することはできない。つまりそれは、そもそも学びが成立しないかもしれない、という条件のもとで、確率的に学びが起こる可能性に懸ける――そのような態度である。[11]

そして、彼は付け加える。「私たちは、そのような学びの様態をまだうまく想像することができない……」[12]と。

〝賭け〟としての学び。学びが起こるかもしれないし起こらないかもしれない偶然に賭け、戯れ、楽しみきる学び。Jeuとしての学び。私と学生たち――いや、もはや通常の「教師―学生」という関係が解《ほど》かれているので「同志」たちと言うべきか――

は、美学特殊C、「インター・キャンパス」プロジェクト、「オルタナティヴ・ユニヴァーシティ」プロジェクト、そして三田の家へと、そのjeu、賭け=戯れを、ますます大胆にそして繊細に楽しんでいった。学習研究の俊英すら「まだうまく想像することができない」、未曾有の学びの実験を敢行していった。

ここで、このjeuとしての学びへの考察をさらに思想的に深めるために、一人の哲学者を援用したい。「プロローグ」に登場した田辺元である。

田辺は晩年、京都大学退官後、北軽井沢・大学村に隠遁し、新たな哲学的思惟を展開しようとしていた。彼が言うところの「死の哲学」である。[13] お浚いしながら、さらに詳しく見てみよう。

第二次世界大戦後、広島・長崎の惨禍の記憶も覚めやらぬこの国に、原子力の「平和利用」と称して、早々と原子力発電所を建設しようとしていた状況(一九五五年「原子力基本法」成立)を憂いながら、田辺は、原子力の「死」の脅威に絶えず晒されるこの「死の時代」にこそ、それまでの「生の哲学」——一九世紀末から二〇世紀初めにかけてヨーロッパでベルグソンやディルタイなどが展開し、今や科学技術の異常な発展に脅かされている哲学——に代わって、「死の哲学」が要請されていると言う。そして、禅こそ、その「死の哲学」の手引きとなると言う。田辺は、禅の公案「道吾一家弔慰」を引く。若年の僧漸源《ぜんげん》が一檀家の不幸を弔慰したとき、棺を拍って、師の道吾に「生か死か」と問い、師はただ「生ともいわじ死ともいわじ」と言うのみの、いわばダブルバインド状況に弟子を置き去りにし、没した。しばらくしてようやく師の言わんとしたところを悟り、師が死してなおこうした悟りとして自らの内に「復活」する事態を、田辺は「死復活」と名づける。それはまた、師の「絶対無」――文字通りの生物学的「死」であるとともに、自己滅却の修行による精神的「死」をも意味する――を通した弟子への慈悲＝愛（「絶対無即愛」）による、「死した」師の、生ける弟子への「復活」でもある。その「絶対無即愛」による「死復活」としての悟り＝学びは、今度は弟子が自らの修行により「師」となった暁に、自分の新たな弟子に、やはり「絶対無即愛」による「死復活」を通して「回施《えせ》」される、すなわち、転回されつつ施されるのである。こうした師から弟子へと連綿と「回施」される悟り＝学びの連動・共同体を、田辺は「実存協同」と呼び、それこそ「死の哲学」の真実をなすとした。

彼はまた、「死の哲学」を「菩薩道」とも捉える。師は自らの「作仏行」を敢行しつつもそれを「差控え」、他の衆生の作仏を助ける慈悲＝愛へと差し向ける。絶対無への「向上」＝「往相」の行が、衆生の作仏行への「降下」＝「還相」へと絶えず円環・渦動する菩薩道、その復興こそが、「死の哲学」の現代的意義をなすと言う。

生の徹底が死に転じ、死の敢為が復活の生へと突破せしめられるにより渦動的となり、しかも不断に生死相即転換するに依って、渦動はどこまでも重積せられるのである。〔…〕さきに実存協同と名づけた復活者の交わり〔…〕において、互に自己の真実を学び悟ると共に、他の衆生に回施しそれぞれにその真実を学び悟らせるとき、新しき「死の哲学」が菩薩道を現代的に復興創造するわけである。

実は、田辺は北軽井沢で、この「死の哲学」を単に純粋な哲学的思惟として頭脳の内に展開していただけではなかった。（「プロローグ」で見たように）田辺は、彼同様北軽井沢の（夏の）住人であった小説家野上弥生子に、週二回一対一で、田辺が没するまでの一〇年間、哲学の個人教授をしていた。この、野上との濃密な交流は、彼にとって師弟間の絶対無即愛の実験場ともなっていた。田辺は、野上に、「死の哲学」を精錬していくにあたっての苦悩をこう告白する。

いかに死するかが実際に解決できなくては、哲学も思想も画餅に過ぎぬと存じ、寝ても醒めてもこれと格闘して居ります。思想の論理としてはもはや解ったつもりなのでございますが、活ける信念としては未だしの感を免れないのです。苦しいことです。(14)

結局、田辺において「死の哲学」が最終的に単なる「思想の論理」にとどまらず「活ける信念」となったかどうかは本人のみぞ知るところだが、少なくとも野上との

「実存協同」は、二人だけの協同とはいえ、その「活ける」実践の現場だったことに間違いはなかろう。

田辺元＝マラルメによる「他者」への賭け

ところで、田辺は、愛弟子と特異な学び＝愛を実践する傍ら、最晩年（私との奇妙な一致だが）マラルメの研究、特に『イジチュール』と『双賽一擲』[15]という、およそ人類の文学史上最も難解かつ深遠な二作品の研究に取り組む。しかし、その研究は単なる「文学研究」にとどまらず、「死の哲学」をさらに鍛え上げ、絶対無即愛による実存協同を、人類史的かつ宇宙論的射程にまで拡張せんとする空前絶後の試みであった。

田辺にとって、マラルメは、何よりも「宇宙万有の微妙幽遠なる振動的構造を詩語の象徴に盛」るがゆえに、その「創作は自らを神の天地創造に比する」[16]類の詩人であった。私は、第2章で、Art の「第一の死」にちなんで、マラルメの、狂気の淵にまでいたる精神的冒険を瞥見した。二〇歳代に敢行したその冒険の末に、マラルメは「宇宙万有の微妙幽遠なる振動的構造」を要約せんとする〈書物〉le Livre のヴィジョンに取り憑かれる（「この世界において、すべては、一巻の書物に帰着するために存在する」）。しかし、その宇宙の理《ことわり》の幽玄――マラルメはそれを〈音楽〉la Musique と呼んだ――が、己の「虚無＝死」に大いなる星座のごとく映じながらも、それを〈書物〉として歌うことの絶対的不能に後半生苛まれつづけた。その「虚無」への、息耐えんとするまでの実存的掘削と、その「死」へと宇宙の〈音楽〉を要約する＝詩作することの決定的不能・挫折を、哲学的・詩的言語の気狂いじみた用法のうちに辛うじて書きとめようとした未完の実験が、『イジチュール』であった。

この奇妙にもラテン語の副詞 igitur をまとった主人公＝作品は、マラルメの中で、その副詞の二重の意味（「従って」と「ところで」）を体現するごとく、しかし三〇年もの年月を費やして、過去の不能・挫折を、未来への「巻返し」に転換止揚していく。その「絶対無の逆説背理を動力とする矛盾の動的行為自覚」[17]たる「弁証法」、「死こそが生の動力であり、無こそ有の源泉」である弁証法を奇跡的に作品化したものこそ、「哲学詩」たる『双賽一擲』なのである。そう、田辺は、『イジチュール』から『双賽一擲』への困難極まりないが奇跡的な詩業を捉えるのである。

畢竟、田辺にとって、『双賽一擲』の「詩想の核心」とは、彼自らによる試訳に付された以下の補註に要約されよう。

私が、運命と命運という相反的訳語によって区別し対立せしめた、直接必然なる祖先伝来の宿命 destin あるいは運命と、それを自覚することにより否定転換せられて自性の偶然ないし自由と媒介せられたる命数 nombre あるいは命運との、絶対否定的統一均衡は、まさに『イジチュール』の分裂と『双賽一擲』の統一との、弁証法的関係に相当する、マラルメ詩想の核心を成すものである。(18)

この難解な文言を私なりに敷衍してみよう。「宿命 destin」――人間が宇宙の中で生存していくために必要な物理的・生物的・精神的諸条件の総体。「人間」としての「宿命」、すなわち（仏教的に言えば）カルマから、「絶対無」への修行により「解脱」、脱条件化していく、その「人間」としての「死」への道行きの中で、詩人は解《ほど》かれゆく宿命の無数の網の目の震動を、響きゆく星座のごとく抱懐する。が、『双賽一擲』の主人公＝「船長」は、『イジチュール』の主人公と違い、その宿命の星座の魔光に捕縛され、己れの「墓」に永劫に幽閉される代わりに、言葉から言葉への「あわい」を航行する詩的 jeu の賽子の「nombre 命数＝命運」により、あわよくばその偶然的波動が、彼方の星辰の「あわい」を連綿と振動させ、共に交響するマンダラを励起するかもしれない、そうした「自由」に賭けるのである。マラルメが、『イジチュール』の挫折から三〇年あまりをかけて「熟」させた宇宙と詩人との「絶対否定的統一均衡」を、「運命（必然）」と「命運（偶然）」との「弁証法」と田辺は見てとるのである。

しかも（奇妙なことに）、この弁証法は、孤独な詩人と宇宙との間に賭けられるだけではない。田辺によると、その弟子との間にも、その「交互愛」の「時熟」にも賭けられるのだ。

どこまでも愛において自己を棄て去らんとする自力精進に努めながら、自覚の達成可能を信じ望みつつ、しかも不断に悔い改めて、絶対的交互愛の、時満ちて降り来るを待つ外ない。いわゆる「時熟《カイロス》」これである。これこそが偶然の積極的意味でなければならぬ。マラルメの詩人として無比ともいうべき徹底的思考力をもってしても、この単に関捩子《かんぬき》の向け更えに過ぎないかのごとく見えるところの、自己否定的転換の偶然的時熟を待つこと、三十年でなければならなかったのである(19)。

この「時熟」は、『イジチュール』から『双賽一擲』へのそれであるとともに、師の絶対無即愛が弟子の生の中で死復活する、その教え＝悟りの賭け、偶然が熟する、「発酵」するそれでもあるのだ。

こうして、マラルメの『双賽一擲』は、文学そして教育の大方の専門家の想定を超えたところで、学びの「賭場」に投じられる。そこで学びが起こるのか起こらないのか、「確率的に学びが起こる可能性に賭け」られる。〈他者〉という絶対的な「闇」、不可知の深淵へと投じられる学びの賽子は、いかなる「数 **nombre**」を出すかわからない。数すら出さないかもしれない。そうした賭け＝双賽一擲が、師から弟子、そのまた弟子へと連綿と続いていく。その「実存協同」の「命数」の星座が、いつしか宇宙万有の〝もう一つの〟星座と響きあい、やがて自ずと〈書物〉が書かれていくように。

私たちは、小倉ヒラクの「発酵文化人類学」とともに、微生物の「ミクロな自然のなかの不確実性に飛び込んでいく覚悟と喜び」、いわば微生物という〈他者〉との「実存協同」における賭けとしての発酵について学んだ。そして今、私たちは、マラルメ＝田辺とともに、もう一つの賭け、人間の〈他者〉への学び＝悟りとしての「時熟」を学ぶ。藝術２・０の「命運」を握るかもしれない二つのjeu、賭け＝遊び。

私にとっての学び――美学特殊Ｃから三田の家へと至る学びの道程は、とりわけ後者の実存協同の実験場、遊び場であり賭場であった。田辺の哲学的深遠さには遠く及ばないが、私なりに、マラルメの『双賽一擲』を、美学特殊Ｃの、三田の家の「あわい」に、「創造的欠如」に、投じていた。しかし、その投擲は、私の手からだけではなかった。その場に居合わす「マスター」たち、「メンバー」たち、そして「マスター」でも「メンバー」でもない者たちからも、私の与り知らぬ時処で投げられていた。四方八方に、「乱投」されていた。学びの「乱交場」。そう、私は、確かにフランスでArtとともに、「社交」の何たるかを本場で学んでいた。その、おそらくは普通の日本人男性では身につけていない「社交術」が活かされたからこそ、三田の家の歓待も可能だったのかもしれない。しかし、その歓待は、私の予期と社交術をはるかに超えて、ラディカルさを増していった。「乱交術」とでもいうべきものが、誰からともなく生み出されていった。あらゆる者があらゆる者を歓待する場。それは、政治的にもいたってラディカルな場だったといえよう。

三田の家では皆が「ボア」

「サードプレイス」――ファーストプレイス＝自宅とセカンドプレイス＝職場の間に位置する、居心地のよい第三の居場所であり、インフォーマルな公共空間の中核的環境。三田の家もまた、ある種の社会学的視点から見れば「サードプレイス」と見えないこともない。事実、私は以前、たとえば「サードプレイスコレクション 2010 新たな学びと成長の場をさぐる」という企画に誘われたことすらある。[20]
ところで、「サードプレイス」論の古典とされるレイ・オルデンバーグの『サードプレイス』（原題“The Great Good Place”）を読んでいた時、（私にとって）意外な一節に出会った。

サードプレイスにおける会話の優位性は、ボア〈退屈な話を延々として聞き手をうんざりさせる輩〉がその場に与える危害にもはっきり見てとれる。ボアの烙印を押された人びとは、ほぼ例外なしに、家庭や本来の労働環境ではなく、社交好きに与えられた場所や場面でその評価を下される。より多くの会話が期待される場所では、したがって、不適切な発言で話題を台無しにするなり、自分に割り当てられた時間を超過して話すなりして会話を乱す人が毛嫌いされる。元来、ボアは人一倍大きな声で話し、機知も内容もない代わりに声の大きさと饒舌の両方で自己主張する。そして望んだ成果が得られないと、彼らは集団の忍耐力をますます要求する。会話は活発なゲームだが、ボアは球を独り占めし、点が取れないくせに他者にパスを回そうとしないのだ。

ボアは、社交好きな人びとの悩みの種であり、「社交クラブの適格者たち」にとっての疫病神である。(21)

確かに、イギリスのパブやフランスのカフェなど「とびきり居心地よい場所」（日本語版の副題）にとって、「ボア」は「疫病神」に違いない。では、三田の家では、どうだったのか。なるほど、三田の家にもオルデンバーグが言う意味での「ボア」はいたのかもしれない。だが、なぜか三田の家では「ボア」は「ボア」ではなかった。どういうことか。

ボアは、確かに「とびきり居心地よい場所」において、（ボア以外の人たちにとっての）「居心地良さ」を、その押し付けがましい退屈な饒舌、すなわち「居心地良さ」にとっての〝異和〟で掻き乱し、人々に不快な思いを抱かせる「疫病神」であろう。

しかし、三田の家には、そもそものような意味での「居心地良さ」がなかった。ある種の同質的な社交性や安心感を共有しあうような「居心地良さ」はなかった。それはある意味で（オルデンバーグ＝常識的な文脈では）誰もが誰にとって「居心地悪い」場所だったと言えよう。なぜなら、そこには、「居心地良さ」を醸し出すはずの社会的・心情的同質性がなかったからだ。

そこには、互いが互いにとって「異質」な人間しかいなかった。おそらく三田の家以外の文脈では、決して出会わない、ましてやコミュニケートしないであろうあまりに「違《たが》う」人間たちしかいなかった。だが、彼（女）らは、そこにいた。微妙な隔りを介して、しかし混んでいる時などは肌を触れ合いかねない近さで、いた。その「異質なもの」の坩堝《るつぼ》の中に「ボア」がいたとしても、それは一つの「異質なもの」にすぎなかった。他の多様な異質性の中で、「ボア」は「ボア」性を失った。

そうして、彼（女）たちはいた。居続けた。おそらくは「居心地良さ」を嫌う者たちが、「居心地悪さ」の中で、特異な、毎回特異な居心地に身を任せた。そこは、「ボア」を含め、あらゆる「異質なもの」を歓待した。誰が誰を歓待するのでもなく、でも誰もが歓待された。それが、三田の家の歓待の作法なき作法、社交なき社交だった。〝乱交〟だった。

そこでは、「学生」が「教員」が「商店主」が「留学生」が「住民」が「アーティスト」が「子供」が「障害者」が、その「　」をほとんど失いかけながら、しかも互いに見ず知らずのままに、気配を察しあい、居心地を探りあい、すれ違い、感応しあい、受け入れあって、互いにとっての「歓待」を都度創りだしていた。

そんな特異な「サードプレイス」が、三田の家だった。

「絶対的な歓待」と「ならず者」たちの民主主義

「歓待」について、もう少し思想的に深めてみよう。文字通り『歓待について』という（日本語訳の）標題をもつ著作の中で、ジャック・デリダは、「絶対的な歓待」あるいは「無条件の歓待」について述べている。

> 絶対的な歓待のためには、私は私の我が家《マイホーム》（mon chez-moi）を開き、（ファミリー・ネームや異邦人としての社会的地位を持った）異邦人に対してだけではなく、絶対的な他者、知られざる匿名の他者に対しても贈与しなくてはなりません。そして、場（＝機縁）を与え（donner lieu）、来させ、到来させ、私が提供する場において場を持つがままにしてやらなければならないのです。(22)

しかし、このような絶対的ないし無条件の歓待は、現実には「到達不可能」だとデリダは言う。なぜなら歓待は常に構造的に二つの「掟」の二律背反に引き裂かれているからだ。

一方には、歓待の唯一無二の掟（La loi）があります。すなわち、限りない歓待の無条件の掟（到来者に我が家のすべてやおのれの自己を与えること、名前も代償も求めることなく、どんなわずかな条件でもみたすことを求めることもなく、彼におのれの固有なもの、われわれの固有のものを与えること）があります。他方には、歓待のもろもろの掟（les lois）、つねに条件づけられ、条件的な権利や義務があります。〔…〕唯一無二の掟ともろもろの掟のあいだには、解消できない二律背反、弁証法化することができない二律背反があるのでしょう[23]。

しかも、この歓待の二つの掟は互いに排除しあうだけでなく、互いに必要とし、不可分でさえある。

唯一無二の掟は、それはあるところのものであるためには、もろもろの掟を必要としますが、もろもろの掟は唯一無二の掟を否定し、少なくともおびやかし、時にはそれを堕落させ、悪化させます。そしてもろもろの掟はそうすることができるのでなくてはならないのです。〔…〕唯一無二の掟ともろもろの掟という掟の二つの体制は矛盾するもの、二律背反的なものであり、そして不可分なものです。両者は相互に含み合うと同時に排除します[24]。

たとえ、ある主人が、あらゆる到来者を、名前も素性も知らず、出自も年齢も性差も、すなわちあらゆる資格も問わず、歓待したいと欲しても、現実には必ずその欲望を制限する社会的・政治的・法的条件（「もろもろの掟」）が課されてしまう。そうした現実的条件・掟という文脈の中でしか、彼（女）は、無条件の歓待を欲することができないし、実行できない。

ところで、デリダは、他の著作『ならず者たち』の中で、この歓待の二つの掟の二律背反／不可分の問題系を、別の文脈、民主主義＝デモクラシーの文脈へとずらし、「ならず者の」民主主義と「男たち」の民主主義の二律背反／不可分として問題を再提起する。

歓待に対する〔…〕その使命において、民主主義はつねに、代わるがわる、そして同時に、両立不可能な二つのことを欲してきた。それは一方では、男たちしか迎え入れないことを欲してきた。それも彼らが市民、兄弟、同類であることを条件に。他の者たち、特に悪しき市民――ならず者――たち、非‐市民たち、そして似ていない、見分けがたい、どんなたぐいの他者たちをも排除することによって。そして他方では、民主主義は同時に、あるいは代わるがわる、これらすべての排除された者たちに、おのれを開くこと、歓待を差し出すことを欲してきた[25]。

古代ギリシャ以来、民主主義は、無条件な・絶対的歓待を切望しつつも、常に「もろもろの掟」、すなわち「男」であること、あるいは「市民」「兄弟」「同類」であることを自らに課してきた。しかし、他方で、民主主義は、その「もろもろの掟」を破り、侵犯し、「男」でない者、「市民」でない者、すなわち「ならず者」たちを無条件で受け入れることを欲してきた。民主主義は、その両極のヴェクトルに引き裂かれつつ、自らを歴史の現実の中に書き込んでいった。

悪しき市民である「ならず者」の正体とは何か。デリダは、それを意味するフランス語 voyou と、彼特有の仕方で語用論的に戯れつつ、要は「ならず者はつねに他者である[26]」と言う。それは、「歓待」の文脈で「絶対的他者」と呼ばれていた、あらゆる名前・素性・資格を剥ぎ取られた他者の謂である。

「ならず者」たちの民主主義とは、従って、絶対的他者の到来を常に無条件に歓待する、のみならず、彼らが自ら「支配《クラシー》」するところの民主主義である。

ならず者支配がおのれに与える権力とは、街路および他のあらゆる道を、より生きにくく、より信用できないようにする権力である。ならず者支配はまた、街路の、腐敗しかつ腐敗させる権力でもある。非合法で無法の権力、ならず者支配的な体制に、すなわち、組織された、多かれ少なかれ非公然の構成体に、潜勢的な国家に、無秩序の原理を代表する者すべてを糾合する権力である——それは無政府的な混沌の原理ではなく、こういう言い方ができるとすれば、構造化された無秩序の原理である。(27)

しかし、無条件の、絶対的歓待が、今ここの「もろもろの掟」によって条件づけられて常に来たるべきものにとどまっていたように、ならず者たち＝絶対的他者たちの民主主義もまた、「男たちの民主主義」に係累されて絶えず来たるべきものにとどまりつづける。それはまた、デリダにより「メシア主義なきメシア性の亡霊」とも呼ばれ、ハイデッガーがある対談で「ある神だけがまだわれわれを救うことができる」と述べた時の「ある神」に準《なぞら》えられる。(28)その来たるべき「神」＝民主主義は、現実的な主権を纏うならば、「おおいなる転回＝革命」を施した後の、国連「安全保障理事会」であり（「前述の国際テロリズム〔9.11〕に対してそれが発動した戦争における、安全保障理事会と呼ばれるものの制度的かつ主権的な構造に関して、今日および明日、緊急に変革されるべきすべてのものへと導かれよう。そうでないことを神に願いたいが、もしわれわれを救いうる神が主権的な神ならば、われわれがいまだ思い描くことのできないあるおおいなる転回＝革命〔une Révolution〕ののち、まったく別の安全保障理事会を、それは到来せしめるだろう。(29)」）、もし現実的主権を纏わないならば、それはまさにメシア的神性の到来となる。

主権なき神ほど、確実ならざるものはない、それは確実である。そのようなものの到来ほど、確実ならざるものはない、それは確実である。だからこそわれわれは語るのである、それをこそわれわれは語るのである……。

それは確実に明日到来することではない、来たるべき民主主義もまた。

来たるべき民主主義、道中無事《サリュ》で！[30]

こうした、まさしくメシア的預言めいた別れと出会いの挨拶（フランス語のsalut《サリュ》は別れと出会いの挨拶であると同時に宗教的「救済」をも意味する）とともに、デリダは『ならず者たち』の第一部「強者の理性」を終えるのである。

「偶然の神」による民主主義

このデリダのメシア的民主主義論の、まさに「メシア性」を批判したのが、やはりフランスの思想家、ジャック・ランシエールである。彼はデリダの追悼講演の中であえてこう異論を提起する。

デリダの見方では〔…〕民主主義が欠いているのは他者性である。それは外部から到来しなければならない。そういうわけで、デリダは、コーラ〔場〕の純粋な受動性から他者あるいは新参者――それらを包含することが「来たるべき民主主義」の地平を定める――へと糸を通すことで、自己の円環を壊すことに着手するのである。私の異論は非常に単純なものである。他者性は外部から政治へと到来してはならない。政治はそれ自身の他者性をもち、それ自身の異質性原理をもつ。民主主義とはまさにこの原理なのだ。[31]

デリダの「来たるべき民主主義」は、絶えず到来してやまない（絶対的）〈他者〉への無限の開けを含むがゆえに決して自らに到達しない、すなわち現実に決して訪れることのない民主主義である。ランシエールによれば、この絶えず「来たるべき民主主義」に欠けているのは、「実践としての民主主義」である。

デリダは一方に統治形式としての自由民主主義（＝「男たちの民主主義」）を、他方に新参者への無限の開けを、またあらゆる期待を逃れる出来事への無限の期待を置く。私見では、制度と超越論的地平のあいだのこの対立のなかで消滅するのは、実践としての民主主義である。この実践は、〈他者〉あるいはヘテロン〈他方の異なったもの〉の政治的な発明へと至る。「新参者」――誰であれ平等な権力を制定し、所与の共同世界のなかに共同体についての新たな言葉を構築する新たな主体――を創造し続ける政治的な主体化の過程である。[32]

「新参者」＝〈他者〉という新たな政治的主体を発明・創造しつづける「実践としての民主主義」。その発明・創造の例として、ランシエールは別の著作『民主主義への憎悪』で、プラトンの描く奇妙な支配の形を引用する。プラトンは、『法律』で、支配／被支配の形を七つ挙げている。(一) 親／子、(二) 高貴／卑賤、(三) 年長／年少、(四) 主人／奴隷、(五) 強者／弱者、(六) 賢者／無知、そして七番目の支配の形は、なんと「くじ引き」による支配なのである。

つぎに、第七番目の支配権を、神に愛された人や幸運の人のものと言う意味で、わたしたちは一種の籤《くじ》にうったえます。籤に当った者が支配し、はずれた者は去って支配をうけるのが至当だと、主張するわけです。[33]

そして、ランシエールの考える政治＝民主主義は、まさにここから始まると言う。

政治はここから始まる。しかしまた政治はここで、自らの優越性を、生まれつきの権利からだけは切り離そうとする途上で、奇妙な対象に出会うことになる。それは、優れた者も劣った者も占めることのできる第七の地位であり、資格ではないような資格であるが、それにもかかわらずこのアテナイ人〔プラトン〕によれば、われわれが最も正当だと考えているものである。それは、「神に愛される」権威という資格、すなわち偶然の神による選択、くじ引きであり、これによって数多くの平等の民が地位の分配を決める民主的手続きである。(34)

そして、「偶然の神」による政治＝民主主義は、「スキャンダル」でもある。通常の支配の在り様、つまり他の六つの統治の資格がすべて無意味になるがゆえに、それが資格なき資格であるがゆえに「スキャンダル」なのである。

賽子一擲で十分なのである。スキャンダルは、たんに次の点にある。統治の資格のなかに、つながりを断ち切るような資格が、資格自身に反するような資格があるということである。つまり、七番目の資格は、資格がないことと同義なのである。(35)

「賽子一擲」としての民主主義。またしても、マラルメへのレファレンス。

三田の家での歓待——賽子の「乱投・乱交」

ところで、三田の家で私が「マスター」を務める日、私はよく掃除しながら「待って」いた。私以外まだ誰もいない空間を掃き清めながら、待っていた。掃除を終えてもまだ誰も来ない時には、静かに坐りながら、待っていた。

ある日、雨がしとしと降っていた。夕闇が濃くなりだしても、誰も来ない。一時間二時間坐っていただろうか。私の瞑想は深まっていき、私の〝空〟が次第に雨降る闇夜に溶けていった。今日はもう誰も来ないのかと、立ち上がりかけた時、〝誰か〟が入ってきた。それから何時間だろうか、二人だけで、雨音を聴きながら、互いの知らざる〝闇〟へと互いを開いていった……。

私は、到来する者が一人であろうと、五人一〇人二〇人であろうと、それが誰であろうと、いつも同じ心構え・身構えで、待った。田辺の哲学的深みには到底及ばぬとはいえ、自分なりに「絶対無即愛」の気構えで、待った。だから、少なくとも私が「マスター」を務めた日は、その私なりの「絶対無即愛」が住まう家、〝空〟が住まう家だったにちがいない。その〝空〟になりながら、私は、待った。〝誰か〟が来ることを、その〝誰か〟の名前、素性、資格などをいっさい問うことなく、待った。それはもしかすると限りなく「無条件」に近い歓待だったかもしれない。

そうして、待っていると、「ならず者」たちが、「新参者」たちが、やってきた。既存の大学、学び、社会、政治、文化、生活の諸制度・諸条件に飽き足らない者たちが、やってきた。そして、私は、「最初の先生」として、彼（女）らに、言葉で、存在で、「ほんたうは何か？」と問うた。「大学」とは？「学び」とは？「社会」とは？「政治」とは？「文化」とは？「生活」とは？と、〝無〟の底なき底から問うた。自分がこれまでの生の中で、それらのものを問うてきた経験を開き、贈与した。そうして、私と彼（女）ら――共に「ならず者」たちは、あらゆる日常的秩序・構造をささやかながら解体することを楽しんだ。私は、彼（女）らに、私の生の、「死」への道行き、そして「死」からの帰還、すなわち「絶対無即愛」の「賽子」を「純粋贈与」し、彼（女）らの〝闇〟＝〈他者〉へと投げ、賭け、その「命数」がいずれと出るか知らぬまま、賽子が転がるままに任せた。

しかし、賽を投げたのは、私だけではなかった。他の「マスター」たちもまた、投げた。そして、「マスター」以外の者たちも、機に乗じて投げ、そして受け取っていたにちがいない。ここに「カリスマ」はいない。あの〝空〟を独占し、自らの人格（ペルソナ）で埋め尽くそうとするカリスマはいない。いるのは、絶えず複数の「小さな」カリスマたち、いや「マスター」たち、いや、結局は皆「ならず者」たち、絶えず互いに新たに到来しにくる「新参者」たちしかいなかった。そうした〈他者〉たちの発明・創造しかなかった。

そうした〈他者〉＝ならず者たちが「乱投」しあう賽子の「偶然」、この「実存協同」の乱交的「偶然」は、プラトン＝ランシエールが説く「くじ引き」による民主主義の「偶然」とは、（そのマラルメへのレファレンスにもかかわらず）似て非なるものだ。その乱交場で賭けられている民主主義は、物理的ないし機械的偶然の戯れに依るのではない。それは、まさに「実存」的偶然、「絶対無即愛」の贈与が贈られた者の中で「時熟」し、「死復活」するかどうかという賭けに賭けられた偶然なのだ。

そして、この実存的賭け＝賽子が乱れ飛ぶ空間から、一人また一人と去っていく。去っていった者たちの中で、学びが「時熟」していくかどうか誰も知らない。が、ある者たちの中で、その「発酵」がなり「熟成」したとき、それは「悟り」となって「死復活」するであろう。そして、彼（女）はやがて自分自身が「師」となって、その「教え」を新たにやってくる「弟子」たち＝ならず者たちに「回施」していくであろう。そうして、三田の家で投じられた賽子＝学びの〝数＝種〟は、ここかしこと撒き散らされ、やがて新たな「家」を生み育てていくであろう。

三田の家が閉じられてから、私はそうした「家」にいくつか出会った。新たな「実存協同」が芽生えつつあるのを目撃した。そこでは、「最初の先生」たちが各々の「OSとしてのアート」で再デザインした学び、学びを超えた学び、「学び2・0」が起こっていた。

第6章　アズワンネットワーク、あるいは〈中空＝円〉の可能性

あるセミナーに参加して

秋の澄んだ夕日に映え、金色《こんじき》にきらめく、庭の葉叢。そのきらめきと響きあうように、こちら、暮れなずむ部屋のうちに円座する人たちの沈黙が、きらめく。そのきらめきを、皆、静かに味わい、深めている。一人が、言葉を発しはじめる。しかし、その言葉、心の奥底から発せられる言葉は、沈黙を乱すどころか、さらにそれを豊かに、神々しいものにさえしていく。そう、〈円〉の只中に、漠としているが、何か〈聖なるもの〉が降臨するかのよう。でも、あくまで沈黙として、沈黙のきらめきとして、ひしひしと満たしにくるにすぎない。

三重県鈴鹿。昨日まで、F－1の命がけの爆音が、彼方で響きわたっていた。そんななか、ある古びた一軒家で、五泊六日のセミナーがひっそりと営まれていた。「アズワンセミナー」。私も参加者の一人として、「探究」を深めていた。

このセミナーで、探究で、何をしていたのだろう。ただ円く座り、語りあい、聴きあっていたにすぎない。それは、「サイエンズメソッド」という方法に則り、行われる。

サイエンズ（ScienZ）は、Scientific Investigation of Essential Nature（本質の科学的探究）の頭文字SCIENとZero（零・無・空…）のZによるものです。

「科学的本質の探究」をやさしく言うと、どこまでも「分かった」、「できた」等、結論づけない営みとも言えます。

人の言動や、あらゆる事象について、固定・停滞なく、ゼロから、その背景や元にある内面・真相・原理を知ろうとする考え方を「サイエンズ」と呼んでいます。

サイエンズは、人間の知能を最大に活かして、科学的に本質を探究しながら、実現をはかる考え方を表しています。

人間を知り、人間らしく生きる営みとも言えます。(1)

そして、サイエンズメソッドによる探究は、「知識、経験はあるが、それをそうだとキメつけたり、前提と考えないで、ゼロから『実際はどうだろう』と考える類の探究だ。

セミナーで、探究はまず、「視る」「聴く」という感覚・認知のそれから始まる。灰色のグラデーションの中に浮かぶ二つのやはり灰色の円を「視る」。明らかに一方が濃く、他方が薄く見える。そこに、二つの丸い穴の開いた白い紙を重ね、再度視る。すると、全く同じ濃さの灰色に見える。

次には、テレビのワイドショーの録画・音を「聴く」。聴き取ったと思しきアナウンサーの発言を紙に書き留める。二度三度と同じ発言を書き留める。しかし、皆の書き留めたものは、どれ一つとして同じではない。自分で書き留めたものですら、毎度微妙に異なる。

この作業で、「視る」「聴く」という感覚・認知がふだんいかに無意識的な「決めつけ」で成り立っているかに気づく。そう気づいた時、「実際」の感覚・認知がどのように変わるかを、語りあいながら探っていく。

続いて、日を追うごとに、「嫌い」「怒り」「正しい」「所有」「自分」「モノ」「幸せ」というテーマをめぐって、各自具体的な出来事・場面を想い浮かべつつ、「実際に起こったこと」と「自分の中で起こったこと」に振り分け、自分に問い、他人《ひと》に問いながら、やはり「決めつけ」がどこにあり、それを外していった時、「実際」に何が起こっているかを探究していく。

たとえば、三日目の「正しい」を例にとってみよう。まず、ファシリテーターは「これは正しい、これは間違っている」というお題を出す。それについて参加者は各自、自分の内に問い、探究していく。そして、問い、探究した末にとりあえず見出した「これは正しい、これは間違っている」の「これ」に当たるものを、配られた小さなホワイトボードに書いていく。私は、「人を殺さない。うそをつかない」を自分にとって「正しい」こととして書いた。そして各自が発表していき、さらに「正しい」「間違い」をめぐり、語りあい聴きあいながら、探っていく。

次に、ファシリテーターは「絶対にそうだと言えるだろうか?」と問う。同じように、各自、しばしの間、自分の内に問い、ホワイトボードに書く。私は、「人を殺さない」について、「自分あるいは最愛の人が殺されそうな時、あるいは戦争の前線に立たざるをえない時」には絶対にそうだと言い切れないかもしれない、と答えた。「うそをつかない」に関しては、そもそも「うそ」とは何だろう?と自分に問うた結果、もしかすると「うそ」には二種類あって、「現実に起こったことと異なることを言うこと」と「現実に起こったことをあえて言わないこと」があるならば、後者は何度か自分もしたことがあると発言した。

続いてファシリテーターは、「正しい、間違いは何を根拠にしているか?」と問う。私は「人を殺さない」に関し、その根拠を「人間として生きる可能性を奪うから」と言い、「うそをつかない」に関しては、「うそをつくと、自分が苦しくなる。言っていることとやっていることとの〝分裂〟が起きる。結果的に、相手に疑いを起こさせ、募らせ、苦しませることになる」からと答えた。

最後にファシリテーターは、「決めつけとは？　どういう状態か？」と問うた。私は四象限の図を描き、「決めつけ」には、「個人的で意識的」「個人的で無意識的」「社会的で意識的」「社会的で無意識的」の四種類が（それぞれ混じり合ってはいるが）あるのではないかと答えた。説明するのに、私は「男である」という例を挙げ、まず私は自分が個人的に「男である」と意識している（決めつけている）。だが、もしかすると、私の無意識の中には「女性性」が潜んでいるかもしれないが、私は通常自分が「男である」として何気なく振舞っている。しかし、ふと気づいてみると、過去、ダンス・料理・ヨガなどの教室・ワークショップで、女性たちに紛れて自分が一人だけ男性であるケースが多かった。そうした個人的な「男である」決めつけは、概ね社会的で意識的な決めつけ、たとえばトイレの「男／女」、服の「男＝青／女＝ピンク」等々、社会制度的な、いわゆるジェンダーの二元性に負っているのではないか。さらに、より深いレベルでは、たとえば心理学者のユングが言うような「元型」が集合的無意識を形成していて、その在り様に本人も知らないところで規定されているのではないかと、述べた。

他の参加者も各々「決めつけ」とはどういう状態か、自分に問うた時のとりあえずの見解を述べるが、先に見たように「探究」は「どこまでも『分かった』、『できた』等、結論づけない営み」であるので、自分への、そして互いへの問いかけは（時間的制約がなければ）果てしなく続いていく類のものだ。

もう一つ「探究」の例をとってみよう。四日目の「モノ」を巡る探究だ。ファシリテーターは問う。目の前の「カップはいくらか?」。各々が思いつくまま値段をだす。次に彼は「自分がこのカップを作るとしたら、どんな工程で、いくらかかるか?」と問う。各々、自分がカップを作る工程を思い浮かべ、ボードに記していく。私が、陶芸家の友人を頼りに簡略な工程と、非常に低い費用(一〇〇円)を挙げたのに対し、残りの人たちは、文字通りゼロから自分一人で作る工程を想像し(たとえば土や釉薬の原料を見つけたり、作陶の技術を習得することから始まって)相応の(かなり高い)費用を算出した。

次いでファシリテーターは問う。「どこまでが自分の力か?(自分の力と他人の力を分ける)」。すると、各々(私を除き)自分一人で作っていたはずが、たとえば土を探しに(仮に徒歩で)行ったとしても、そこまでは他人が作った道路を歩かねばならないし、裸で行くわけにもいかないので、他人が作った服を着、靴をはかなくてはならない……と考えていくと、「自分の力」でできると思ったことのほとんどが「他人の力」に依存していることに気づく。そこにファシリテーターは、先般の「自分とは何か?」という問いを重ねあわせる。すると、「自分」ですら単独で存在しているのではなく、父親・母親という二人の他人が交わったからこそ、この世に誕生したのだし、以降も、他の家族や学校の先生、友人など、数え切れないほどの他人と出会い、多くを学んだからこそ、今こうして自分が存在しえていることに気づく。

そこで、ある女性が言った。結局、すべてのモノ、「自分」すらも、この世界に存在する、存在してきた無数の人々、モノたちの共同作業で成っていて、このカップ、この「自分」も、今たまたま、そうした共同作業がこうした形をとっているにすぎない。今までも、頭では同様のことを理解していたが、今実感として腑に落ちた。だから、このカップ、この「自分」がとても愛おしいものに思える、と。

サイエンズメソッドによる探究は、こうして六日間にわたり、先述のように「視る・聴く」から始まって、「幸せ」に至るまで、たえず円く座りながら、自分の中で、各々の〝間〟で、掘り下げられていった。

この間、私自身も多くの発見があった。とりわけ大きかったものを二つ挙げよう。

① 私は二〇歳代、日本やフランスで文学や思想の研究をしていたせいで、極度に「頭」に偏った生活を送っていた。そのためもあってか、「体」が荒廃し、強度の喘息など多くの病を患い、「廃墟」寸前ともいえる状態だった。その後、三〇歳代になり、たまたま出会ったコンテンポラリー・ダンスのワークショップ（勅使河原三郎率いるKARAS）に、そうした体を引きずりながら、結局八年ほど通うことによって、「体」「感覚」そしてなによりも健康を取り戻していった。今回のセミナーは、そうして取り戻していった「頭」と「体」の〝調和〟の中で、自らもほとんど気づかぬまま長年置き去りにしていた「心」、いや、ある家族との確執から封印を余儀なくされ、硬い鎧を纏わざるをえなかった「心」を再発見することになった。参加者一人一人の発す

る言葉に籠められた「心」の波動が、私の〝鎧〟に幾条もの〝ひび〟を生じさせ、そこから「心」がわずかながらも溶け出す思いがした。[2]

②「頭」への偏向は、「体」と新たな〝調和〟を奏でるようになったが、いかんせんそれまで培ってきた「哲学」的思考の仕方から容易に抜け出ることは難しく、ややもすると「自分とは?」「実際とは?」「正しいとは?」という「哲学」的ないし「倫理学」的問いの立て方も手伝って、自動的に「哲学」的思考のパターンのスイッチが入ってしまい、それを自分自身への問いかけと取り違えることが、特にセミナーの前半起こりやすかったように思う。

こうした気づきを、少なくとも私自身は得ながら、五泊六日の「アズワンセミナー」を終えた。何よりも心に残ったのは、六日間の探究の末、円座する参加者の沈黙そのものが満ち、きらめく、その神々しさだった。

「アズワン」とは

このセミナーを主催するのは、「アズワンネットワーク鈴鹿コミュニティ」である。

「アズワン」とはどういう意味か?

アズワン(as one)とは、「一つの世界」を意味しています。

ジョン・レノンが"Imagine"の中で、「The world will be as one」「国境も所有もない」と歌っているように、世界は元々、囲いも隔てもない、すべてが「一つの世界」でしょう。

私たち人間も、その世界に生きている存在です。自然界の中で全てのものと調和しながら生きていくこと、そして、人間同士も、世界中の人と親しく、共に繁栄していくことが本来の姿でしょう。

それは、すべてと調和する「争いのない幸せな世界」。

誰もが心の底で願っている世界ではないでしょうか？

それを空想に終わらせないで、この世に創り出すことが、アズワンネットワークの目的です。(3)

この「一つの世界」は、たとえばかつて共産主義が目指し、結局は全体主義にしか行き着かなかったような理想社会像ではなかろう。むしろ、セミナーでもその片鱗を体験できたような、「本心」どうしの波動が奏でる間主観的「きらめき」が、いわば華厳経でいう「重々無尽の縁起」の如く、地球に張りめぐらされていく「ネットワーク」なのだろう。コミュニティのメンバーの一人は言う。

人類は宇宙と名づけられた全体世界の一部分です。その世界の本質は、分けようが無いことと常に変化をしていることです。たとえば日本文化を代表する一二世紀〔ママ〕の随筆『方丈記』にも「行く川の流れは絶えずして、しかももとの水にあらず」とうたわれているように。人間は、時間と空間に限定された、生命の乗り物とでもいうような、一つの現れです。ですから、人類は本来、すべての存在と一つに繋がり、柔軟に平和に生きられる存在であることは明らかです[4]。

「一つの世界＝ネットワーク」の実現・実践は、まず何よりも「決めつけ」、人類が自らの内に拵えあげた（なかんずく資本主義的な）「フィクション」からの解放に始まるという。彼らは、しばしばその解放を、アインシュタインの以下の名言を引用して説明する。

> 人間とは、わたしたちが宇宙と呼ぶ全体の一部であり、時間と空間に限定された一部である。わたしたちは、自分自身を、思考を、そして感情を、他と切り離されたものとして体験する。意識についてのある種の錯覚である。
>
> この錯覚は一種の牢獄で、個人的な欲望や最も近くにいる人々への愛情にわたしたちを縛り付けるのだ。
>
> わたしたちの務めは、この牢獄から自らを解放することだ。それには、共感の輪を、すべての生き物と自然全体の美しさに広げなければならない。実質的に新

しい思考の形を身につけなければ、人類は生き延びることができないだろう。[5]

この「錯覚」「牢獄」から人類が自らを解放し、誰もが心の底から幸せで生きられる、しかも人間たちだけでなく、「ガイア」全体が持続可能で「共感」する「一つの世界＝ネットワーク」を実現することこそ、アズワンネットワークの願いであろう。

アズワンネットワークは、二〇〇〇年、ヤマギシ会という、もう一つの理想社会を目指し、だが数々の問題も孕んでいたコミュニティの限界を悟り、そこから脱した有志たちが、新たに鈴鹿に参集し、ゼロから自分たちが真に願うコミュニティを立ち上げようとしたことから始まった。[6]

このコミュニティは「コミュニティ」と自ら冠しているが、その実、非常に特異なコミュニティだ。たとえば多くのエコヴィレッジ型コミュニティが、都市生活から隔たった自然環境の中に集住するタイプであるのに対し、アズワンのメンバーたちは鈴鹿という一地方都市の只中に互いに程よい距離を置きながら分散して暮らしている。だから、外見からは「コミュニティ」としてのまとまりをもっているようには見えない。また、往々にしてこの種のコミュニティは宗教的ないし精神的カリスマへの帰依で成り立つことが多いが、ここにそのようなカリスマはいない。

しかも、コミュニティを維持・運営していくための規則・規定もない。実は、都市に分散し、関与度もまちまちであることから、「メンバー」の範囲・実数も定かでない。さらに、メンバーたちが立ち上げる組織や会社は、やりたい人が手を挙げ、賛同者が集まり営まれるが、元々の動機・欲望が失せれば容易に解体されるという。まさに、諸行無常、融通無碍を地でいく、「実態」「正体」がいたって捉えがたいコミュニティなのである。

だが、「組織化」が全くなされていないわけではない。「誰もが本心で生きられるコミュニティを実現する試み」であるアズワンネットワーク鈴鹿コミュニティ、「本質を探究し、人と社会の本来の姿を明らかにする」サイエンズ研究所、そして「人としての成長をサポートし、自己を生かし発揮する」サイエンズスクールが三つ巴となって、全体が営まれている。実は、この三つ巴に、このコミュニティが持続可能である特異な鍵がある。

メンバーは、コミュニティ内外で各々仕事や生活の「現場」(会社や家庭など)をもち、そこで人間関係や人生の悩みを抱くであろう。そうした時、通常の社会であれば、何とかその「現場」で悩みを解消するために苦闘するか(かえってこじらせてしまう場合も多い)、飲酒等でストレスを解消するか、友人やカウンセラーに悩みを聞いてもらうしかないだろう。しかし、アズワンには、「スクール」があり、各種の探究の「コース」が用意されていて(「アズワンセミナー」「自分を知るためのコース」「自分を見るためのコース」「内観コース」「人生を知るためのコース」「人を聴くためのコース」「社会を知るためのコース」)、望めば「現場」からしばし離れて、現在の自分の状態を人と共に探究し、種々の「決めつけ」に気づき解放され、「本心」に立ち戻る機会が与えられている。そうして「現場」の人間関係のしがらみ、自分自身の心の「決めつけ」から解き放たれた状態で再び「現場」に返り咲くことができるのである。しかも、メンバー全員がそうした機会に常に恵まれている。

さらに、その「スクール」における「コース」の運営方法、思想的・理論的裏付けも、たえずサイエンズ研究所で自己批判的に見直され、更新されていく。この「コミュニティ／スクール／研究所」の三つ巴が織りなす螺旋状の探究・実践が、このアズワンという特異な共同体の鍵、（コミュニティ論でいうところの）「グルー（接着剤）」になっているといえるだろう。

アズワンが特異な点はもう一つある。コアメンバー（二〇一八年現在六三人らしい）の「財布」が一つなのである（あるいは「財布」を一つにしている人たちが「コアメンバー」と言える）。彼らは、自らの財産や収入を共有し、個人・世帯の必要に応じて互いに融通しあう。そこに合議も審査もない。コミュニティ・ハブと呼ばれる係に「相談」するだけでいいのだ。

しかも彼らは、日用品を、買うのではなく、〝贈られる〟「店」をもっている。その名もJOYという、お金のいらない、ギフトエコノミー・贈りあいの「店」だ。メンバーが運営する農場（SUZUKA FARM）から贈られる野菜や米、弁当屋（おふくろさん弁当）から贈られる惣菜、そして町中の商店で共同購入した品々が、コンビニの如く、棚に並んでいる。違いは、それらを「買う」のではなく、「贈られる」点だ。

こうして、一つの大きな「家族」のように、コミュニティ内部ではお金に依存しない経済が営まれている。各々の活動は、「賃労働」から解放され、自己の欲望、創造性を純粋に発揮・実現できる行為と化す。しかも、メンバーは、この「家計」＝「財布」に参加してもいいし、しなくてもいい、という自由度も合わせもつ。何事にも「強制」がなく、各自の自由意志に任されているのだ。

こうした真に融通無碍なアズワンネットワークは鈴鹿を拠点にしているが、国内のここかしこへと、さらに国外にも（今のところ主に韓国とブラジル）、その網の目を広げつつある。今の課題の一つは、このコミュニティ作りの手法と思想が、鈴鹿に集うメンバーや賛同者だけに意味をもつ「特殊」なものなのか、それとも作る主体やその社会的・自然的環境が異なっても、活用でき根づくことのできる、一種の「汎用性」を持ちうるのかどうか、という点だろう。そこにこそ、「ネットワーク」が「一つの世界」へと成長していけるかどうかの鍵が隠されている。しかも、繰り返しになるが、その「一つの世界」が、政治的ないし宗教的「理想社会」の実現ではなく、あくまで「本心」が交響する「きらめき」の重々無尽のネットワークであるかどうかにかかっている。

河合隼雄の「中空構造」論

円く座り、語りあい、聴きあう。セミナーにおいて、活動はそれだけだ。しかし、探究を深めていくと、途上、〈円〉のうちで互いの心の波動がさざめき、きらめき、渦巻き、満ちていき、貴い、愛おしい、神々しくさえもある〝何か〟がもたらされることがある。この〝何か〟とは、何なのだろう。

先にも名前を出したユングは、マンダラについて、こう語っている。

> マンダラは円を意味している。いま述べたモチーフには多くの種類があるが、しかしいずれをとっても円の四分割を基礎にしている。それらの基本的モチーフは人格の中心・いわばこころ《ゼーレ》の奥底にある中心的な場所・の予感である。そこにすべてが関係づけられ、それによってすべてが秩序づけられ、それは同時にエネルギーの源泉である。中心点のエネルギーは、押し止めがたい勢いをもって現われてきて、その人本来の姿になろうとする。〔…〕この中心は、自我としてではなく、もしそう言ってよければ、自己として感じられ考えられる。この中心は一方では最深部の点であるが、他方ではそれは周辺ないし周囲であり、自己に属するすべてのものがそのなかに含まれる。[7]

私たちは、セミナーで訥々と言葉を発しあい、丹念に聴きあい、黙しあいながら、いわば「マンダラ」を描いていたのではないだろうか。そして、その〈円〉の「中心」に向けて、互いの「自己」を深めあいながら、その深めあいの波動を交わして、そこにしか立ち現れないであろう一つの大いなる〈自己〉を探究していたのではないだろうか。

この大いなる「中心」について、今度は宗教学者ミルチャ・エリアーデは言う。

> どんな小宇宙も、どんな人の住まう場所でも《中心》と呼びうるもの、すなわち特別の聖域をもっている。聖なるものが、——《未開》な人々におけるように(たとえばトーテム的な中心とかチュリンガが埋められる穴など)——原基的な聖体示現《ヒエロファニー》というかたちであれ、伝承的文明におけるように、神々の直接的な神体顕現《エピファニー》というより進んだかたちであれ、全体的な仕方で顕現するのはまさしくこの中心においてなのである。[8]

そして、この《中心》においては、いわば垂直的に三つの「宇宙界」が接合する。

三つの宇宙界——天上界、地上界、地下界——という考え方を知っている文化

においては、《中心》がこれら諸界の接合点を構成する。(9)

その宇宙の《中心》の軸が、世界のいたるところの神話で、「宇宙山」「宇宙木」「宇宙柱」等々として形象化されている。私たちもまた、セミナーで円く座りながら、「宇宙柱」を建立し、聖体示現の儀式を執り行っていたのだろうか。だが、かつてユング研究所でも学んだ心理学者河合隼雄は、「否」と言う。日本人の〈円〉の中心は「空っぽ」なのだと言う。有名な「中空構造」論だ。

河合は、日本の神話『古事記』を読み解き、このパンテオンの構造の中に「日本人を基礎づける根底を見る想い(10)」がすると言い、それが「中空性」だと言う。

河合は、日本の創生神話において、イザナキが生んだアマテラス、ツクヨミ、スサノヲの三神のうち、月神であるツクヨミに関する記述が（日本人が情緒的に太陽よりも月を重視するにもかかわらず）皆無であるのが不思議だという。しかも、三神のうちの中心に当たる神が無為なのは、ツクヨミに限らず、やはり三神の中心にいる天之御中《あめのみなか》主神《ぬしのかみ》、また火須勢理命《ほすせりのみこと》も同様に無為であり、記述がないという。そして、河合は、この『古事記』神話における中空性こそ、以後発展してきた「日本人の思想、宗教、社会構造などのプロトタイプ(11)」になっていると主張する。

河合はさらに、西洋的な弁証法の論理では正・反・合という止揚の過程を通して、「合」というういわば「中心」が析出されてくるのに対し、日本の神話、そして心の論理においては、「正と反は巧妙な対立と融和を繰り返しつつ、あくまで『合』に達することがない。あくまでも、正と反の変化が続くのである。〔…〕日本の中空巡回形式においては、正と反との巡回を通じて、中心の空性を体得するような円環的な論理構造になっていると考えられる」[12]

私たちの心は、だから、中心に屹立するような「宇宙山」や「宇宙木」を擁していない。中心には「空」しかないのだ。私たちは、その「中空」の周りを、正と反の間でたえずたゆたいながら巡回するしかないのだ。

筆者が日本神話の（従って日本人の心の）構造として心に描くものは、中空の球の表面に、互いに適切な関係をもちつつバランスをとって配置されている神々の姿である。ただ、人間がこの中空の球状マンダラをそのまま把握し、意識化することは極めて困難であり、それはしばしば、二次元平面に投影された円として意識される。つまり、それは投影される平面に応じて何らかの中心をもつことになる。しかし、その中心は絶対的ではなく投影面が変れば（状況が変れば）、中心も変るのである。[13]

この、「中空」の周りをたえず仮初めの「中心」が転変していく中空巡回構造は、単に日本人の精神構造のみならず、社会、共同体の構造をも統べている、と河合は言う。それが「短所」として現れると、責任の所在・中心が曖昧に経巡ってしまう「無責任体制」になる。

その（日本の中空構造の）短所のほうを指摘するならば、その中空性が文字どおりの虚、あるいは無として作用するときは、極めて危険であるという事実である。たとえば、最近、敦賀の原子力発電所における事故にまつわるその無責任体制が明らかにされたことなどは、その典型例であると言えるだろう。最も近代的な組織の運営において、欧米諸国から見ればまったく不可解としか思えないような、統合性のない、誰が中心において責任を有しているのかが不明確な体制がとられていたのである。(14)

しかし、翻って見るに、この、河合が日本人の心・社会に特有とみる中空巡回構造は、場合によっては「長所」としても現出しうるのではなかろうか。たとえば、枯山水の庭。あるいは、茶室の佇まい、しつらえ。そして何よりも、それらの中空巡回的「現れ」を可能にした禅的精神性。そこでの「中空」は、単なる無為や（無責任といった）精神的空虚ではなく、むしろ「空」それ自体の充実、深まり、探究なのではなかろうか。不在の中心で、空が漲り、渦巻き、きらめきわたるような中空なのではあるまいか。私がアズワンセミナーの円座の中空で感じた〝何か〟も、それだったのではないか。空の充溢としての神々。その神々が、ここ鈴鹿だけでなく、日本、世界、さらにはガイアへと「巡回」していくような「アズワンネットワーク」(の一般名詞化?)。

しかし、それは物事を切断・分離し、合理的に再構成する「父性」が暴走した西洋文明に対する、東洋文明のすべてを抱擁する「母性」の復権というような単純な二元論的文明論に収まるものでもなかろう。日本は、アジア、アフリカ諸国で、唯一西洋近代文明の取り入れに成功したが、その移植は半端にしか根づかなかったがゆえに、日本は西洋的父性を取り入れつつも、東洋的母性も保ちつづけた、父性と母性の微妙なバランスに拠った特異な「中間的」文化・社会を形成してきた。河合は言う。

日本は母性優位と言うよりは、父性と母性のバランスの上に築かれていると言うほうがより妥当のように思われる。欧米との比較において、日本はむしろ母性社会と言うべきであるが、アジア、アフリカの諸国なども考慮にいれるとき、日本は不思議な中間状態にあると言うべきである。(15)

アズワンネットワークがめざす「一つの世界」も、この「中性」的とも言える、充溢せる中空=〈円〉が、ここかしこ、次々と起こり、連なっていくような星座のきらめきのごとき「世界」ではないだろうか。

〈中空＝円〉の可能性

ところで、私も個人的に、これまでの人生において、そのような〈中空＝円〉の連なりを体験してきたのではなかったか。今回のアズワンセミナーより前、やはりアズワンコミュニティの何人か、そして二人の大学教員と私が運営に携わった、持続可能な社会の作り方を学ぶユネスコ認証の教育プログラム「ガイア・エデュケーション」でも、サイエンズメソッドにもとづく探究が持続的に行われ、〈中空＝円〉の貴さを幾度となく経験した。

そしてまた、その七年前にも、橋本久仁彦がファシリテートする「非構成エンカウンター」（七泊八日）で、やはり〈中空＝円〉の充溢せる神々しさを、まざまざと、おそらく人生で初めて実感した。ただ、ある場所にある時間集合し、解散する場所・時間しか決まっていない、その間は原則すべてが「非構成」な出会いしかないという、そのワークショップとも言い難いワークショップで、ファシリテーターとも言い難いファシリテーターである橋本は、開始時間が来たら、円く座る参加者たちに向けて、ただ「始めましょう」とだけ言った。それからは、本来、誰がいつ何を言ってもいいはずの場でありながら、誰も何もずっと言わず、ただ押し殺したような、居心地の悪い沈黙が一時間半にわたって続いた。それは、今考えれば、誰もその「中空」の場の、仮初めの「中心」になることすら厭う一種の「無責任体制」の無言状態だったように思う。おそらく同様の事態の場数を踏んでいるであろう橋本は、あえてその「無責任体制」に介入することなく、ただ待っている。待ち続けている。ようやく、亀虫と思しき一匹の虫が一人の女性に迫り、その女性が小さな悲鳴をあげて、沈黙が解かれた。

その後三日間は、人間関係で悩み、心に大きな問題を抱えた主に女性たちが、その胸の内を、時折嗚咽を交えながら語ることが多かった。場の空気は（少なくとも私には）次第に重苦しくなり、長時間座りつづけることにも苦痛を覚えはじめた。三日目の夜、「コンタクト・インプロヴィゼーション」という、二人ペアで常時体の一部を接触させつつ即興的に踊るボディワークのファシリテーションを橋本ができることを知っていた私は、彼と皆に明日の朝それをやってみないかと提案し、実施することになった。翌朝、皆が橋本に導かれるまま、ペアで踊り出した。ぎこちなく、あるいは巧みに、皆踊り、再び円座に戻った時、場の空気は一変した。前日までの重苦しさが晴れ、それからはそれまであまり発言しなかった（私を含めた）何人かも言葉を発するようになり、深刻な中にも時折笑いが混じる、互いが心でも舞いあうような場を作りだしていった。私がおそらく人生で初めて、円座の中空の漲る神々しさを体感したのは、その場だったように思う。

以降も気がつけば、よく〈中空＝円〉に臨んでいた。真円ではないが、小山田徹の「ウィークエンドカフェ」も〈火〉というたえず揺らぐ中心を囲むものであったし、そして近年、私自身が随所で開いている「ギフトサークル」というギフトエコノミーのワークショップも、言葉と沈黙の代わりに、モノやサービスや思いを円座の中で贈りあっている。また、やはり私が運営に携わっている「ヨガ・オブ・ボイス」というワークショップでも、円く座り、言葉の代わりに、〈歌ではなく〉「声」そのものを発しあいながら、互いの声の潜在力を目覚めさせ、解き放つ。すると、〈中空〉は文字通り、声の波動で漲り、いつしか〈聖なるもの〉が降臨してくるのを全員がまざまざと体感する。〈中空〉が〈中空〉のまま、大地から天へとせり上がり、天から大地へと雪崩れ落ちるような、〈中空〉の宇宙軸がせせり立つような感すら覚える。

〈円〉で座り、〈中空〉を支えあい、頭と心と体のエネルギー＝気を込めあいながら、かけがえのない、その時その場でその人たちでしか生み出すことのできない、生のきらめき、神々しさ。そこにもまた、藝術2・0の可能性が宿っているように、私には思われるのである。

第7章　藤田一照の坐禅——くつろぎの原理性と革命性

私と瞑想——ヴィパッサナーとマインドフルネスの問題点

私が瞑想を本格的に始めたのは、かれこれ一五年ほど前だろうか。ビルマ（現ミャンマー）でテーラワーダ仏教を修行し、その後還俗した井上ウィマラと、前述した大学での身体知の実験授業で知り合い、彼の勧めで、ヴィパッサナー瞑想を体験するため、京都府丹波にあるダンマバーヌという瞑想センターに初めて赴いた。

ヴィパッサナー瞑想とは（日本ヴィパッサナー協会の解説によれば）インドにおける最古の瞑想法の一つで、ブッダによって再発見された「生きる技」ともいえる瞑想法である。[1]「ヴィパッサナー」とは、パーリ語で「物事をあるがままに見る」という意味で、とりわけ呼吸に集中し、心身のありのままを観察することによりあらゆる汚辱を取り除き、解脱という究極の幸福を目指す。その後、インドでは廃れたが、ビルマで伝承され、近年、中心的指導者サティア・ナラヤン・ゴエンカ氏（二〇一三年没）

により再びインドを拠点に世界に広められた。その瞑想センターは、アジアのみならず欧米諸国にまで多く存在し、二〇一八年時点で一八八のセンターを数える。

この瞑想の基礎は、通常「一〇日間コース」と呼ばれているプログラムに参加することによって習得される。参加者は、瞑想センターに着くと、情報・記号に関するあらゆる持物（携帯電話、本、ノート、金銭など）を預けなくてはならない。（緊急事態を除き）外部との接触を絶たれ、コースの終了するまで参加者間の沈黙（ただし指導者、アシスタントとの会話は必要時のみ可）、五つの道徳律（生き物を殺さない、盗みを働かない、嘘をつかない、性的行動を行わない、アルコールや薬物の摂取をしない）を守らなくてはならない。毎日、朝四時に起き、夜九時に寝るまでの間、休憩・食事を挟みながら、計一〇時間余りの瞑想を行う。瞑想は、三段階に分けて行われる。最初の三日間は、鼻孔を通る呼吸にひたすら精神を集中し観察し、雑念を取り去るアーナパーナ瞑想。次の六日半は、全身の感覚に意識と呼吸を行き渡らせながら、長年の執着や習慣的反応・条件づけを解除し、心の完全な静まりを通して、すべての事象の無常を知る、その名もヴィパッサナー瞑想。そして、最後の半日は、自らの浄化された心を、あらゆる生きとし生けるものへとあまねく注ぎ、その解放と幸福を願うメッター瞑想。

この三段階の瞑想を修得したのち、参加者間の沈黙が解かれ、再び日常生活に戻る準備をしたあと、一一日目の朝、コースが終了する。

私は、この一〇日間コースに参加し、実に多くのことを体験し、学んだ。その詳細については、拙著『汎瞑想』[2]に譲るとして、本論の文脈において、これから「坐る」

ことの現代的可能性を論じるにあたって、特に以下の二つの（問題）点に着目したい。

①　瞑想センターでは、毎日一〇時間余り坐る瞑想を行い、それ以外の動作（歩くこと、食べることなど）もなるべくゆっくりと瞑想状態で行うよう指導されるが、そのような一時的「出家」状態から、日常の「在家」状態に戻った場合、毎日一〇時間の瞑想はおろか、それ以外の動作を瞑想状態で行うこともほとんど不可能になる。ゴエンカ氏は、日常生活に戻ってからも、最低毎日朝起きて一時間、夜寝る前に一時間坐って瞑想することが、日常生活に瞑想を活かすために肝要であると説くが、それすらも（少なくとも私には）生活や仕事の慌ただしさに紛れ、実現が難しくなってくる。

さらに、ヴィパッサナー瞑想は、人間が通常「人間」として生きていく上でプログラムされる習慣的反応（渇望や嫌悪など）、さらには言語を初めとした記号的・情報的条件づけを解除・止滅させていく瞑想法であるが、そうした「脱条件化」は一〇日間コースのような非日常的時空間での瞑想の徹底ではある程度可能となるが、日常的時空に戻るや否や「再条件化」がこれでもかと押し寄せてくる。その再条件化を再び脱条件化するには、一〇日間コースのような非日常が必要だが、そのような非日常は日常においては創出しえない……、という悪循環に陥る。

② 次に（①とも密接に関連するが）、私のような初心者であっても、一〇日間コースの深まりのうちに、「涅槃」には遠く及ばないにしても、めくるめくような変性意識状態の展開を味わったが、あるいは味わったがゆえに、日常で坐っていても、そうした涅槃を最終境地とした精神的階梯の幾ばくか、できれば「さらに先の」階梯へと辿り着きたい欲望に苛まれる。だが、一〇日間コースのように十分な時間がとれなければ、「幾ばくか」の階梯すら（時折の「僥倖」を除き）辿り着けず、挫折感ばかりが募っていく。やがて、坐ることそれ自体に意義を見出せなくなっていき、かつて味わったcontainer めくるめく境地の残像に憑かれるだけになる。

そうした少なくとも二つの問題点・悩みを抱えていた時に出会ったのが、もう一つの瞑想法、ティク・ナット・ハンによるマインドフルネス瞑想であった。

二〇〇九年一月、パリに住んでいた私は、ティク・ナット・ハンがボルドー近郊に開いたプラム・ヴィレッジ（Plum Village、フランス語では Village des Pruniers）という禅のコミュニティに赴いた。

ティク・ナット・ハンは、一九二九年ヴェトナムで生まれた禅僧。彼の「行動する仏教」は、仏教の瞑想修行を、非暴力による市民的不服従の運動に結びつけたもの。ヴェトナム戦争時、その早期終結に尽力、パリ平和会議に仏教徒主席代表として参加。が、南北両陣営から追放処分となり、亡命。一九八二年、ボルドー近郊にプラム・ヴィレッジを創設。ヴェトナムからの難民、禅僧、在家など、宗派・宗教・国籍・ジェンダーを問わず受け入れ、（二〇〇九年当時）一五〇人余りの（尼）僧が四つの集落に住み、年間四〇〇〇人もの在家が世界中から訪れていた。

禅に則った彼の教えは、日常生活のあらゆる所作に意識の十全な目覚め＝気づきをもって臨むマインドフルネス（mindfulness）の思想に代表される。坐るのみならず、歩く、食べる、労働する、さらには皿を洗う、用を足す、といった「些末な」活動をも、〝今ここ〟への絶えざる気づき＝瞑想とともに行う。

> 気づきと瞑想は違うと考える人がいますが、それは正しくありません。気づきの実践とは、毎日の一瞬一瞬を意識しながら生きることであり、それは一つのれっきとした手法です。気づきを実践するのに、僧侶になったり僧院に入ったりする必要はありません。自動車を運転しながらでも家事をしながらでも、いつでも実践できることです。〔…〕同じように、食後に皿を洗っているときも意識的な呼吸を実践すれば、皿洗いの時間が楽しい有意義なものになります。〔…〕あなたが皿を洗ったり、その他さまざまな日常の雑事をこなしている時間は、とても貴重なものです。その時間をしっかりと生きるべきです。気づきながら生きることを実践すれば、毎日の生活に平和が芽生えます。[3]

私は一週間、ビジターとして、プラム・ヴィレッジに滞在し、マインドフルネス瞑想のさまざまなプログラムを体験した。坐る瞑想、歩く瞑想、食べる瞑想、働く瞑想、寝る瞑想、ペアで導く／導かれる瞑想など。そして、プログラム外でも、自分なりに一瞬一瞬の動作に絶えざる気づきを試みた。それらの豊かな体験・気づきの詳細は、これまた拙著『汎瞑想』に譲るとして[4]、これから坐ることの可能性を論じるに当たって、私が現時点で（ヴィパッサナー瞑想同様）マインドフルネス瞑想に抱いている問題点を二つほど挙げておきたい。

① ヴィパッサナー瞑想が段階的に、そしていわば「垂直的」に探究を深めていく瞑想であるのに対して、少なくとも私がビジターとして体験したマインドフルネス瞑想は、瞑想＝気づきを絶えず生活の所作の一瞬一瞬に「水平的」にずらしていく類のもので、坐る瞑想すら（参加者が多く初心者への配慮もあってか）数分おきにマイクによるガイダンスが入る三〇分程度のものであり、およそヴィパッサナー瞑想が開くような精神的深みへと立ち入ることが難しい「浅い」瞑想と感じられた。

② 先ほどのティク・ナット・ハン自身からの引用に見たように、そして私が参照した彼の著作・発言によるかぎり、彼のマインドフルネス瞑想は、生きる一瞬一瞬に気づき続けることである。だが、その「気づき」は、別言すれば「意識化」であり、

では、人間の生ははたしてすべて「意識化」できるのだろうか、という問いが生じる。意識化できない、意識では「気づけない」生の領野、いわゆる（精神分析学的に言う）「無意識」の領野は、どんなに修行を究めても、その全貌を「意識化」することができないのではないか――後に検討する、「有心のマインドフルネス」と「無心のマインドフルネス」という論点に関わる問いである。

こうして、私は相前後して出会った二つの対照的ともいえる瞑想法に導かれ、そしてそれらの孕む問題点に悩まされながら、それでも自分なりに「編集」を施しつつ、なんとか一五年余り人生に瞑想を活かしてきた。自分の教える大学の学びの場面にも（それを刷新すべく）瞑想を導入してきた。しかし、瞑想が自分の生において「本当の居場所」を見出しているようにはどうしても思えなかった。どこかに「無理」があるように思えてならなかった。

藤田一照による坐禅の「原理性」と「革命性」

そんな折、ある著作と著者に出会った。『現代坐禅講義』（以下『講義』）の、藤田一照である。著者プロフィールには、「一九五四年、愛媛県生まれ。東京大学大学院教育学研究科教育心理学専攻博士課程を中途退学し、紫竹林安泰寺にて曹洞宗僧侶となる。一九八七年よりアメリカ合衆国マサチューセッツ州西部にあるパイオニア・ヴァレー禅堂に住持として渡米、近隣の大学や仏教瞑想センターでも禅の講義や坐禅指導を行なう。二〇〇五年に帰国。神奈川県三浦郡葉山町にて独自の坐禅会を主宰。二〇一〇年よりサンフランシスコにある曹洞宗国際センター所長として日本と海外を往還している」とある。その『講義』で説かれていた坐禅観は、それまでの私の瞑想観を根底から揺さぶり、覆すものであった。そして、それはまた、単に私のような一介の在家のみならず、ある禅宗の高僧をして「私の坐禅は間違っていた」と言わしめるほど原理的かつ革命的な坐禅観であった[5]。

その「原理性」かつ「革命性」は、少なくともこの『講義』によるかぎり、六つの要点に集約される。順に辿っていこう。

一 「くつろぎ」としての坐禅

この著作は、坐禅についてのものでありながら、人を喰ったかのように、なぜかパスカル『パンセ』の引用から始まる。のみならず、この『講義』自体がパスカルに話しかけるつもりでなされると言う。パスカルによると、「人間の不幸というものは、みなただ一つのこと、すなわち、部屋の中に静かに休んでいられないことから起こる[6]」。

そして、藤田は、「部屋の中に安静にしていること」を「くつろぐ」という言葉で置き換え、今度はイギリスの詩人ジョン・キーツの「ネガティブ・ケイパビリティ(Negative Capability)」という、逆説的な響きをもつ造語をもちだし、「くつろぎ力」とは、「わたしが〜する」という積極的・能動的力ではなく、「〜をやめる、しない」という消極的・受動的力ではないかと言う。

どのような特質(これはシェイクスピアが非常に豊かに持っていたものですが)が偉大なことを成し遂げる人、ことに文学において偉業を達成する人を形成するようになるのかということがただちに私の脳裏にひらめいたのです。それは、あえて消極的でいられる能力(Negative Capability)、すなわち、事実や理屈を苛立って追い求めたりせずに、不確かさ、謎、疑問のなかに安住していることができる状態、ということです。(7)

こうして藤田は、ことさらに非「東洋」人たちへの参照を経て、最終的に「ネガティブ・ケイパビリティ」は「くつろいでいられる能力」であると結論づけ、坐禅こそ「くつろぎの純粋なかたち」であると明言する。

さて、座禅に関わりのなさそうな話をながながとしてきましたが、ここからやっと坐禅の話に入っていきます。われわれが座禅を行じるということは、パスカルが言った「あらゆる人間の不幸を引き起こすただ一つのこと」を乗り越えていることになります。それは坐禅がくつろぐことそのものだからです。くつろぎの純粋なかたち、あるいはくつろぎが結晶化したものとさえ言えるかもしれません(8)。

しかも、「くつろぎとしての坐禅」は、何も藤田の現代的発明なのではなく、道元自身が説いていた坐禅の精髄ですらあると言う。「帰家穏坐（自分の家に帰って安穏に落ち着くこと）」としての坐禅。「安楽の法門」としての坐禅。人々が通常坐禅について抱き、また修行者たちも身を以て実践しているであろう、限りなく峻厳な苦行というようなイメージを、根底から覆すような坐禅の定義。単なる「西洋かぶれ」の挑発に過ぎないのだろうか。いや、彼自身言うように、道元の坐禅の原点への回帰であるからこそ、先の高僧をして「私の坐禅は間違っていた」と言わしめる起爆力・革命力を、この坐禅観は蔵しているのではなかろうか。

二　坐禅は習禅にあらず

坐禅は、「くつろぎの純粋なかたち」と原理的・革命的に断った後、藤田は道元の「無所得無所悟」を引いて、坐禅はすなわち「得るところなく、悟るところなし」と断じる。凡夫は、坐禅に努めれば、その努力に見合ったより高い精神的境地が開けるのではないかと期待し精進しようとするが、しかし、坐るたび求める境地に到り着くとは限らず、それどころか僥倖を除けば、至りつけない場合がほとんどで、まだ自分の努力が足りないという後悔に見舞われ、それが募ると（ヴィパッサナーにおける私のように）挫折感にさえ襲われる。そうした「目的」に向かう努力をする限り、坐禅は坐禅にならない、と藤田は言う。むしろ「物足りないところにそのまま落ち着くこと、そこにしか安心はないと決定《けつじょう》して物足りなさと一緒に座り込んでいるのが坐禅なのです」(9)。

今ここにある「物足りなさ」に居つづける、坐りつづける、「くつろぎ」つづける。その〝外〟に（「悟り」といった）「目標」や「理想」を設定しない。ましてや、その未来に仮構された「目標・理想」から今ここの状態を評価して、裁いて、まだ「足りない」と自分を追い詰めたりしない。

今現在の坐禅とそれを評定、評価している自分という分裂・対立が生じ、全一であるべき坐禅にいわばひびが入ってしまいます。自分のやっている坐禅が目標にどれだけ近づいてきたか、あるいはまだどれほど離れているかをいつも気にしながら座っているわけですから、くつろぐどころか緊張の連続になってしまいます。現在の坐禅をいつも未来の観点からながめて、つまり理想の坐禅に照らしてみて、◯か×か、成功か失敗かと判定していますから、「まだだめなのか、まだ不十分なのか」とあせり、先を急ぐことになってしまって、現在にじっと落ち着

いていることができません。(10)

まさに、ヴィパッサナーにおいて苦しんでいた私自身ではないか。

結局藤田によれば、坐禅は、我が「する」有為の行法、すなわち自我が（たとえば「悟り」という）目標に向けて主体的に精神をコントロールし努力するという修行のやり方（「習禅」）ではなく、むしろ「しない」無為・無我の行法、「ちからをいれず、こころをもついやさずして」（『正法眼蔵　生死』）「自ずから」為される行法となる。

三　正身端坐の坐禅

「正身端坐」――正しい姿勢でまっすぐ坐る。藤田（による道元）によれば、坐禅はある意味でこれに尽きると言う。しかし、藤田は、ある時まで「正身」の意味を、からだの各部分のポイントとなる点を「正しく」つなぎあわせる「点つなぎ絵」のように理解していた。さらに、解剖学やボディワークをかじり、その「点つなぎ絵」をさらに精密にしていくことが、完璧な「正身端坐」へ至る道だと了解していた。

ところがある時、道元の『正法眼蔵随聞記』に「坐はすなわち不為なり（人間的作為は全くない）」という一節に行き当たり、愕然とした。「正身」とは、「自ら」が「調える」もの（「強為」）ではなく、「自ずから」「調う」もの（「云為」）なのだとはたと気づくのである。そして、からだが調うと息が調い、息が調うと心が調うというように（例えばヴィパッサナーにおけるように）段階的に調整が進むのではなく、調身・調息・調心は一体、「全一」なのだと悟る。からだが調ってくれば自ずと息が調い、息が調ってくれば自ずと心も調う。逆も真なり。そうして身・息・心が全一的に調ってくると、姿勢と重力が適正な関係に置かれ、からだと地球の中心が最も安定した形で繋がりあう。畢竟、「正身端坐」とは、「重力とのダンス」[11]、地球とのダンスである、とまで藤田は言い切る。

四　尽一切と通い合っている坐禅

仏の行は、尽大地とおなじくおこなひ、尽衆生とともにおこなふ。もし尽一切にあらぬは、いまだ仏の行にてはなし（『正法眼蔵　唯仏与仏』）。

この道元の言葉を引きつつ、藤田は、坐禅は、宇宙の片隅で孤立して為される営みではなく、全く逆に「尽一切」、すなわち天地に存在する万象、すべての生きとし生けるものにまで広がり、通じ合っていると言う。尽一切から「助けられて」いると言う。

ただわが身をも心をもはなちわすれて、仏のいえになげいれて、仏のかたよりおこなはれて、これにしたがひもてゆくとき、ちからをもいれず、こころをもつひやさずして、生死をはなれ、仏となる（『正法眼蔵　生死』）。

坐りつつ、「脱落」しゆく身心を、仏＝尽一切へと委ね、仏＝尽一切より「おこなはれ」「助けられる」。「自分はここで待っていて向こうから来る働きにそのまま任せている、そういう絶対的な受身の態度(12)」。

だが、人間の覚知は、宇宙から見れば常に部分的・一面的であるがゆえに、坐禅の全体は、坐っている本人（の意識）にとっては測り知れない。その無限の広がりは、人間であるかぎり「体験」できない。「推測」しかできない。それを「体験」したかのように語ることは、神秘主義にすぎない。坐禅は神秘主義ではない、と藤田は念を押す。

究極的には、「わたし」と「世界」という二分法的区別も消えてしまい、「いまや尽一切の坐禅がわたしをしているとも言えるし、坐禅が坐禅をしているとも言えるし、坐禅という言葉も落ちてしまって、〔…〕『それがそれをしている』と言うしかない(13)」。

坐禅は、非人称化し、非「人間」化して、「それ」、すなわち尽一切＝仏が坐る。「人間をちょっと一服したのが仏じゃ。人間がエラくなったのが仏じゃないぞ」と藤田の師、澤木興道老師が言い放ったように(14)。

五　活潑潑地の坐禅

坐禅は不動であらねばならない。あらゆる動きを滅した姿こそ、坐禅の理想的な形である。そう、人々は理解し、修行者たちもそう実践していることだろう。否、と藤田は言う。坐禅は微細な動きを蔵している。しかも（「正しい姿勢」へと意識がコントロールするような）随意的な動きというより、意識では制御できない、自然に起きる不随意的な微細な運動を孕んでいる。そうした多種多様な自律的運動・リズムが、坐るなかで「交響曲」を奏でている、とさえ言う。だから、坐禅は活潑潑地、すなわち魚がぴちぴちはねるように生き生きとしているのだと。

「交響曲」には、少なくとも三つの主旋律がある。

（1）呼吸の脈動

坐禅では「自然な」呼吸のうちにくつろぐが、「自然」は必ずしも「習慣的」、すなわち普段からだが習慣的に行っている呼吸を意味しない。むしろからだ自体が深くくつろいだ時、自ずから自己調整作用によってなされる呼吸、だから場合によっては、その「自然な」呼吸を実現するのに、それを普段妨げている「習慣」を捨て、落としていかなくてはならない。そうしてなる呼吸の、微細だが豊かな脈動を、坐禅の「不動性」は蔵しているのである。

（2）体軸の揺らぎ

坐禅を開始する時、坐蒲のうえで居心地の良い坐り方を探るため、「左右揺振」、すなわちからだを左右に揺らす（場合によっては前後にも）運動を行う。しかし、そうした随意的な動きが静まり、「不動」の姿勢に入った後も、実はからだの中では不随意な微細な「体軸の揺らぎ」が生じている。

実際の坐禅におけるこの微細な揺振運動は、ほとんど無意識的に行なわれる調整活動です。坐禅をしている当人の意識においては「体軸が重力と調和したいい位置にあり、筋力ではなくバランスで座っているのでとても楽な感じ」、「居心地がいい感じ」を確認しながらそこに留まり、さらにそういう感じがより深まっていくようねらっているだけで、あとの具体的な細かい調整や洗練はからだに「お任せ」し、「ゆだねている」のです。[15]

まさに、からだは勝手に地球との繊細な「ダンス」を踊っているのである。

（3）頭蓋仙骨律動

Craniosacral rhythm。脳脊髄液の律動。脳の深部から分泌された脳脊髄液は、脊髄の後ろ側を通って仙骨へと下り、そこからまた脊髄の前側を通って上がる、その還流の律動が、坐禅を深めていくと感じられるようになる、と藤田は言う。しかも、くつろぎが深まり、からだの自己調整作用が調ってくると、律動も自然に「調律」されていくだろう、と想像する。

少なくとも、坐禅の「不動性」のうちには、こうした三種の「運動」が孕まれている。「それは様々な質と拍子を持ったリズムが共存し同時進行しながら、お互いに影響を与え合い、一つの全体としてまとまりと調和を持って演奏されている交響曲のようです」[16]。そうした生命そのものの「交響曲」「ダンス」こそを、坐禅する者は奏で、踊る。いや、坐禅する者を通して、「交響曲」「ダンス」が自ずと奏で、踊るのだ。まことに、坐禅は、活潑潑地なのである。

六　からだほぐしとしての坐禅

この「活潑潑地」を堪能するには、まず何よりも「感じる」からだであらねばならない。からだが「感じる」には、ほぐれていなくてはならない。

坐禅の要点の最後にして、むしろ「前座」とでも云うべきが、「からだほぐし」である。『講義』の第五講「結果自然成の坐禅」の中で、藤田は「坐禅の実際」を説明するにあたり、坐り方からではなく、なんと「からだほぐし」から始める。そんな「坐禅講義」が世にあるだろうか。彼はこれまでヨーガ、気功、武術の稽古法、野口体操、野口整体、そしてアレクサンダー・テクニーク、フェルデンクライス・メソッド、ロルフィング、ボディマインド・センタリング、イデオキネシス、フランクリン・メソッドなど、まさに古今東西のボディワーク、身体術を学んできた。それらを自分なりに再編集し、その場の必要、思いつきに応じて、独自のからだほぐしを行う。

これを坐禅の準備運動だと受け取る人がいますがそれは誤解です。わたしはこの体操は準備なのではなく、れっきとした坐禅がもうそこで始まっていると思っています。もっと言えば、「明日坐禅に行こう」と思ったときからもう坐禅は始まっていると言えるのです。(17)

この講義本に載っている例では、正座のまま吐く息とともに前方に上体を倒していき、吸う息とともに元の正座の姿勢にもどる、「自分」という鎧を下ろし、素の自己がリフレッシュしてくる動きから始め、胡座で全身をやさしくなでさすりからだを安心させる、からだ全体の関節を回し緊張をほぐす、そして最後に両の手の平で目から臍まで「手当て」をしていき、活性化したエネルギーを鎮めそのまま坐禅に移っていく、一連の「ほぐし」が、「感じる」「くつろぐ」からだを目覚めさせていく。

そうしてほぐされたからだを坐蒲の上に載せ、結跏趺坐（右足を左腿の上に乗せ、左足を右腿の上に乗せる坐り方）、半跏趺坐（片足だけを反対の腿の上に乗せる坐り方）、あるいは安楽坐（両かかとを体の前の真ん中に重ねず揃えるように坐る）で坐り、決して外形的に「正しい姿勢」を求めることなく、あくまでからだの内側から、そしてからだを「助けて」くれる環境からして最も「くつろぐ」在り方を自ら探しつつ、しかし徐々に自ずから調うように、精神を凝らすことなく、「目標」を仮構することなく、今ここのくつろぎに自らを委ねる。そうして、「自分」であったところへとひしひしと満ちてくる自然、尽一切に溶け合い、通い合って、からだが繊細に奏でる「交響曲」が、やがて地球へと、宇宙へと響き渡り、「仏」となる。

ただわが身をも心をもはなちわすれて、仏のいえになげいれて、仏のかたよりおこなはれて、これにしたがひもてゆくとき、ちからをもいれず、こころをもつひやさずして、生死をはなれ、仏となる。

私にとっての「革命性」

ところで、藤田の「くつろぎの純粋なかたち」としての坐禅は、いかなる点において、私のそれまでの瞑想観を根底から覆すほど「革命的」だったのか。これまでの「要点」を振り返りながら検討していこう。

一 「くつろぎ」としての坐禅／二 坐禅は習禅にあらず

ヴィパッサナーはまさに「習禅」であった。それは、「涅槃」という最終境地を「目標」と定めて、それに到り着くための細かい生活の指針から始まり、アーナパーナにおいて忍耐力・集中力を鍛錬し、ヴィパッサナーにおいて、その精神集中を頭頂から足先にまで全身に経巡らせ、あらゆる角度から微に入り細に入り階梯を踏んでいき、ひたすら努力に努力を重ねる、まさに「ちからをいれず、こころをついやさずして」とは真逆の行法であった。が故に、たえず最終目標＝涅槃（あるいはそうと自分が思念した境地）と、自分の今ここにある状態を比較し、評定し、その差に苛まれ、差を少しでも縮めようとし、しかし大概ははるか「下の」段階にとどまっている自分に嫌気がさし、いつの間にやら坐ることそのものを放棄してしまう。しかしまた、気を取り直して再開するが、また同じような懊悩を抱えてしまう、というジレンマ。およそ「くつろぎ」とはかけ離れていた。

ところが、坐禅はそもそも「物足りなく」ていい、「得ることなく悟ることなく」ていいと、藤田（による道元）は言う。その「物足りなさ」そのもの、「無所得無所悟」にくつろげばいい、と言う。なんと救いになったことか。

三 正身端坐の坐禅

ヴィパッサナーはまさに「自ら調える」瞑想であった。鼻の穴を出入りする呼気に精神を凝らし、あらゆる雑念を払いのけ、完全な「止」へと全力で心を調える、制御する。しかも、その制御を、今度は全身に行き渡らせ、全身の細胞が見えんというほどまでに気の流れを整流する。もちろん、その「自らの調え」が、あるリミットを超える、すなわち「自ら」が〝破れる〟ほどに深まれば、その破れ目から押し寄せる「自ずからの調え」にすべてが委ねられ、ただただ「助けられ」、場合によっては「襲われ」つづけることにもなるが、しかし少なくとも出発点からリミットまでは「強為」で調え尽くすことに変わりはない。

四　尽一切と通い合っている坐禅

ヴィパッサナーにおいても「自ら」が〝破れる〟と、「自ずから」の無常なるきらめきが測り知れなくやってきて、「尽一切との通い合い」へと果てしなく開かれる。のみならず、メッター瞑想にあって、尽衆生、尽一切を慈しみつつ、その解脱、幸福を祈る。その尽一切との交響は、藤田（＝道元）の説く坐禅のそれと、相即であろう。

問題は、マインドフルネスの方である。先にも指摘したように、少なくとも私が参照したかぎりのテキスト、そして私自身のプラム・ヴィレッジにおける体験によると、ティク・ナット・ハンの「気づき＝瞑想」は「意識化」であり、生きる一瞬一瞬に気づきつづける＝意識しつづける瞑想こそ、彼のマインドフルネスと読めた。藤田もまた、他の著作、仏教学の俊英・魚川祐司との対談で、マインドフルネスには二種類、「有心のマインドフルネス」と「無心のマインドフルネス」があるのではないかと問うている。

僕はマインドフルネスにも「有心のマインドフルネス」と「無心のマインドフルネス」があって、もちろん前者には前者の有用性があるんだけど、少なくとも坐禅は後者的だ、ということを言っているんです。[18]

「有心のマインドフルネス」とは、「意識的な自分が、意識の対象に向かって、意識的に注意を向け、それができたかできないかを意識で判断する、という意識の内側に閉じた営み」[19]である。それに対し、「無心のマインドフルネス」とは、藤田云うところの坐禅、尽一切と通い合っている坐禅であり、先にも見たように、人間の覚知＝意識は常に部分的にとどまるがゆえに、尽一切との通い合いは「推測」できても（少なくとも「意識」的には）「体験」できない、それは「無意識」「無心」のうちに広がり、もしかすると「無意識」「無心」は体験しているかもしれないが、それを私は「知る」由もないところの、逆説的なマインドレスなマインドフルネスである。

五　活潑潑地の坐禅

確かにヴィパッサナーにおいても、不随意的で自律的な微細な運動・脈動を存分に感じる。それどころか、極限的に瞑想が深まると、皮膚の毛細血管の血流、皮膚呼吸の様子までがつぶさに感じとれるようになる。問題は、「体軸の揺らぎ」だ。ヴィパッサナー瞑想は、坐禅のように「くつろいで」おらず、絶えずある身体部位に心を凝らし集中しているため、からだは自ずとそちらへと傾き、体軸が定まらない。あまりに集中しすぎると、奇妙な形にまで姿勢が歪み、捻じ曲がることすらある。あるいは、肉体的な痛みが限界まで募ると、一縷でも動こうものなら「激痛」が走るので、「不動」の〝牢獄〟にフリーズしつづけるよう強いられる。

六　からだほぐしとしての坐禅

先にも記したように、ヴィパッサナーの瞑想センターにおいては、坐る瞑想の時間以外も、基本的に瞑想状態で所作をするよう勧められる。だから休憩時も、ヨーガやストレッチを推奨されない。と言っても、「くつろぎ」とは真逆の、精神の凝集によるからだの硬直を旨とするので、私などはその全身の「こり」をほぐしたい欲望に駆られ、庭でこっそりと簡単なストレッチをする（でも休憩は五分しかない！）。

私は常日頃ヨーガをやり、それ以前はコンテンポラリー・ダンスなどをやっていたので、人一倍「感じる」からだをしていると思うが、だからこそ、からだの中の微細な「交響曲」を感じるためには、藤田が勧めるように「からだほぐし」がことのほか重要だと思う。心の「くつろぎ」は、からだの「くつろぎ」と相即だと思う。

ここまで見てきたように、少なくともこれらの点において、藤田の坐禅観は、私の瞑想観を根底から覆すほどに革命的であった。「救い」であった。私は「挫折感」から解放され、坐ることが「楽しみ」になった。坐ることに「期待」しなくなったことが、今ここでの「くつろぎ」をもたらすようになった。

「感じて、ゆるす」仏教

確かに、藤田(による道元)による坐禅は、旧来の禅宗の中では「原理的」であるがゆえに「革命的」だったかもしれない。だが、それがなぜ「藝術2・0」を予感させるのか。それを解き明かさなくては、本論考で言及する意味がない。

この問いを深めるために、私は先にも挙げた藤田と魚川の対談本『感じて、ゆるす仏教』を重点的に参照したい。

両人は、対談の中で、特に魚川が藤田に遠慮会釈なく問いかけつつ、藤田の坐禅観・仏教観のみならず、仏教全体にとってもいたって本質的かつ根源的な諸問題を論じている。中でも私は以下の五点に着目したい。(一)他者(家族)を「感じて、ゆるす」、(二)他者に伝える二つのコトバ、(三)「中動」としての坐禅、(四)仏教3・0は仏教0・0か、(五)坐禅は「創造的」たりうるか。

一　他者（家族）を「感じて、ゆるす」[20]

ミャンマーでテーラワーダ仏教を修行した魚川は、妻帯者である藤田を前にして、テーラワーダでは僧侶と結婚は両立不可能だと言い放つ。言い放った上で、しかし修行僧と家族ないし結婚と云う問題はポジティブにも捉えられると翻す。なぜなら（皮肉めいてはいるが）、日本の妻帯する僧侶たちは、家庭という束縛と愛欲の場に身を置きながら、同時に仏教の専従者であるという（世界的に見て）貴重な存在であるからこそ、やはり同様に妻帯（ないし夫帯）者である在家の人々の修行にとっても有益なアドバイスができるのではないか、と逆説的に問う。

藤田は、この皮肉にも逆説的な問いに直接答える前にまず、この本の表題ともなっている「感じて、ゆるす」が何を意味するかを説明する。従来の坐禅・仏教、そして彼自身もある時まで実践していた坐禅・仏教は、我の意識が「命令して、コントロールする」それであった（『講義』で云うところの「強為」による「習禅」）。それに対して、今現在自分が実践し、人々にも勧めている坐禅・仏教が「感じて、ゆるす」それである。「ゆるす」とは、「やってくるものに対して自分をオープンにしておいて、その変化が自ずから生じていくのを邪魔しないでいる」こと。

魚川は、なぜ藤田が「命令してコントロールする」モードから「感じて、ゆるす」モードへと変容したのか、そこには「他者感覚」が決定的に入ってきたのではないかと指摘する。藤田にとって、その「変容」を促したのは、「妻」という他者だった。「結婚」という出来事だった。それは「人生最大のターニングポイント」であった。結婚前、妻となる女性から「親愛な人間関係を避けていたら、ただの変人で終わる」と言われた。そこで、彼は「結婚という変化をゆるす」ことに決める。結婚も、そしてやがてくる育児も「修行の幅をぐんと広げて」入れてしまおうとした。が、現実は甘くない。「想像よりもはるかに苦労した。経典にも書いていないし、道元も言っていないし、だいたいやっちゃいけないことになっているし」。オムツ替えも修行のうちと思っても、やはり「こんなの修行じゃねえ」と癇癪をおこしてしまう。そうしながらも、子ども（娘二人）には特別な「愛着」を感じ（「仏教の言っていることを真に受けなくてよかった」とまで藤田は言う）、愛着のポジティブな面を知っていく。結局、（愛着を含めた）煩悩の「滅尽」とは、煩悩を滅することではなく（彼自身が訳した『フィーリング・ブッダ』のデイビッド・ブレイジャーが説くように）、煩悩をコンテインする（包摂する）キャパシティなのではないかと結論づける。

テーラワーダ仏教を始め、日本以外の仏教の世界では、文字通り「ご法度」であるはずの「結婚」（ということはセックスも含まれうる）、「育児」、そして妻への、子どもへの「愛着」。「経典にも書いていないし、道元も言っていないし、だいたいやっちゃいけないことになっている」ことを、堂々とやってしまうこと、「修行」という名の下にやってしまうことは、はたして「仏教」であり、「禅」なのだろうか。今の藤田は、それを「仏教」として「禅」として行い、魚川もまたそこに日本以外の仏教界では実現不可能な「仏教」としての「ポジティブな」可能性を読み取ろうとする。他者を「感じて、ゆるす」仏教。確かに尽一切という意味での、いわば大いなる〈他者〉を「ゆるし」、それに「助けられる」ことは、「仏」への道であろう。ところが、目の前にいる具体的な〝他者〟を「感じ、ゆるす」こと、妻と心身で交わり、子どもたちを愛でることは、はたして仏道なのか。その「現代的」可能性に、藤田、そして魚川は、仏教者として積極的に賭けるのである。

二　他者に伝える二つのコトバ

先に、私は三田の家を論ずるにあたり、教育学者矢野智司の「最初の先生」という考え方を引き合いに出した。おさらいしよう。矢野はまず、教育には、質も素性も異なる二つのものがあると言う。「交換としての教育」（ないし「発達としての教育」）と「贈与としての教育」（ないし「生成としての教育」）である。前者は、通常の教育（学界で前提とされるもので、ある共同体において、その未熟な成員が成熟した成員となるよう身体と知能の両面で段階的な発達を促す教育で、それは畢竟、その共同体が自らをふさわしい形で再生産できるよう、その成員をも再生産するシステムである。したがって、教師も生徒も交換可能な構成要素として機能する教育の在り方である。

それに対して、後者の「贈与としての教育」は、共同体の内部ではなく、外部からやってきた異邦人が、共同体の者たちに「共約不可能な異質性をもった体験」を「一切の見返り」を求めることなく「純粋贈与」としてもたらす類のものである。そのような自らの異質な体験を純粋贈与する異邦人を、矢野は「最初の先生」と名づける。

最初の先生は純粋贈与をすべく共同体の外部からやって来る。ソクラテスやニーチェの想像したツァラトゥストラがそうであるように。そしてこの先生は「ほんたうは何か」という問いを極限にまで推し進め、パラドキシカルな対話を通して、ときには笑い弾けるユーモアを交えながら、共同体の道徳で固定した対話者の解釈枠組みを揺さぶり破壊し、そして対話者に共同体（意味の体系）の外部を指し示す。それは死と再生というイニシエーションと同じ構造をもっている。(21)

この「最初の先生」の姿は、まさに、日本の禅宗・仏教界という共同体の「解釈枠組みを揺さぶり破壊し」、その「外部を指し示す」藤田の姿そのものではないか。

つづけて矢野は、最初の先生が最初の先生に「なる」ためには、ある決定的な実存的変容の体験が要ると言う。「超越的存在と交わるという溶解体験」である。私がフランスでマラルメの「虚無」を追体験しそれに溶解したように、藤田もまたアメリカの人里離れた禅堂で、尽一切との「溶解体験」を重ねていたことだろう。だからこそ、日本に帰国して、坐禅の、仏道の「ほんたうは何か」という原理的問いを、この国の禅宗・仏教界に投じ、それを揺さぶり破壊するほどの革命力をもちえたのではないか。

ところで、魚川は第三章で「動物化するいのち系仏教」という奇妙な造語をもちだす。まず、彼の言う「いのち」とは何か。漢字の「命」と区別しながらこう敷衍する。

個的な生命である「命」が、「全体とのつながり」を体認し、そこにおいて「常に生成進行している世界と一つ」になって、「無我」を知りつつも生き生きと活動できているような時に、そこにはたらいている作用、あるいはその関係性の全体[22]

それが「いのち」である。そして「いのち系仏教」とは、「いのち」という言葉を多用して自己正当化しようとする種々の仏教の言説ないしパフォーマンスということになる。

つづいて魚川は、「動物化」を、藤田もファンであるという数学者、岡潔が「真智」を説明する際に用いた人間の認知の三つのレベル、「感覚・知性・情緒」を援用し、それぞれを英語でsense／mind／heartと置き換える。そして、本来「いのち系仏教」は、センスとマインドをともに大切にし、ハートまで深める実践であるはずが、しばしば「動物化」に陥ってしまう。つまり「ハートを目指したつもりが実際にはセンスに退行しただけで終わってしまう」という「哀しい事態[23]」を指すと言う。

魚川はここでも辛辣に、藤田が行なっているような、「感じる」ためのソマティックなワークは、「動物化」なのではないかと迫る。さらに畳み掛けるように、今度は鈴木大拙の、悟りについての「即非の論理」をもちだす。大拙によれば、動物もまた意識をもつが、それは人間のそれのように「分別」する意識ではなく、あくまで「無分別」のそれにとどまる。ところで、「悟り」とは、人間だけに可能である。

悟りの端的は、無分別の分別である。普通の論理では、分別だけを見て無分別を見ない。悟りでは、無分別を見る、而してその無分別のうちに分別を容れる。分別が無分別と別にならずして、一つになる。是処に悟りの妙がある、悟りの論理が建立せられる。「即非の論理」がそれである。[24]

魚川は、この大拙の悟りの論理、分別／無分別／分別即無分別に、先のマインド／センス／ハートを重ねあわせた上で、「動物化するいのち系仏教」は、「センスを大切にするのはよいことだと思うけれども、そこでマインドを軽視して、ゆえにハートへと深まることができずに終わるのであれば、仏教としては物足りない」[25]と指摘する。もちろん、言外に藤田の仏教もまた、「ハート＝無分別の分別＝悟り」へと深まっていかないのではと匂わせつつ。魚川によれば、仏教の本質とは、「分別と無分別の弁証法」にこそあり、その弁証法を生きることが、「仏教を生きる」ことにもなる。

この魚川の、鮮やかともいえる論旨・批判に、藤田はまともに取りあうことなく、「いなして」みせる。わずかに、ソマティックなワークは、単なる感覚・動物性への惑溺などではなく、からだはありがたい「学びのリソース」であると言うにとどめる。

しかし、私が現場に臨んだ彼のワークショップ（「移動する学林」）などによる限り、むしろ藤田は身をもってこの「分別と無分別の弁証法」を、しかも彼独自のやり方で「生きている」ようにみえる。その独自のやり方とは、二つの異質なコトバを媒体としたものだ。一つは、「感じる」ためのコトバ、すなわち数々のボディ・ワーク、ソマティック・ワークの文法・ヴォキャブラリーである。[26] もう一つは、非仏教語、なかんずく英語だ。[27]

前者は、分別に凝り固まったマインドを（からだとともに）「ほぐす」ため、からだを「感じ」、内に眠る「動物性」を目覚めさせ、無分別な「いのち」へと開かれ、その「助け」を受け入れられる「くつろぎ」へと誘うためのコトバ。

後者は、その無分別ないのちへの開かれ、尽一切への通い合い・交響の体験を、他者へと、目の前の具体的な〝他者〟たちへと語り、伝え、「学び」へと促すコトバ。しかも、〝他者〟たちが仏教僧とは限らないがゆえに、仏教（界）のジャーゴンを用いることなく、非「仏教」語、「在家」の言葉で語りかける。さらに藤田の滞米生活が長かったこともあろうが、「分別」をより明晰にするため、英語による概念化・論理をも多用する。まさに「最初の先生」にしかできない「贈与としての教育」である。

藤田という、二重の意味での「異邦人」――日本（の仏教）の外で、いのちという〈外部〉を身をもって体験した「異邦人」だからこそ、「日本」（の仏教界）、そして「分別」の世界に帰還し、なしえる「純粋贈与」の教え・学び。

三　「中動」としての坐禅

第3章で、私は発酵デザイナー小倉ヒラクの『発酵文化人類学』を取り上げた。そこで、小倉が狭義の発酵を「酸素も光も使わずにエネルギーを獲得する過程」と定義し、微生物を含めた全生物が「生きる」エネルギーの発生装置にして「共通通貨」であるATP（アデノシン三リン酸）が地球上に生み出す「生命の環」について言及した。

エネルギーを使い果たした生物は死ぬ。しかしエネルギー自体は死なない。それはまたATPのかたちを取って、別の生物のもとに渡り、その生物の生きる糧となる。その「エネルギー交換」は、微生物から人間へ、太陽から草へ、草から牛や馬へと種族を超えた「生命の環」を巡り続ける。(28)

この「生命の環」こそ、先の「いのち」そのものではないか。

第3章では、引き続き、小倉が懇意にする醸造家たちに共通にみられる特徴を挙げ、結局は彼らが「ミクロの自然のなかの不確実性に飛び込んでいく覚悟と喜び」に駆動され、本人たちの意図、計算、予期を超えた「サムシング・スペシャル」の現出を享楽するさまをみた。

ところで藤田は、魚川との対談で、坐禅を「醸造過程」にたとえている。

> 坐禅をしていると、人生で起きるいろいろな出来事が通常の時よりももっと人格の深いところに届くような、なにかのチャンネルが開けます。僕たちの意識ではコントロールできないような有機的な反応なり醸造過程みたいなのがそういう深いところで静かに進んで、そのうちじわじわ人格とか普段の生活に効いてくるようなことが起きているんじゃないか。[29]

これは、はたして単なる比喩にすぎないのだろうか。いや、私はそうは思わない。坐禅が尽一切、いのちから「助けられて」為るように、発酵もまたミクロの自然、「生命の環」に「助けられて」成りたつ現象である。この時、はたして坐禅そして発酵は、いのちから一方的に「助けられる」だけなのだろうか。藤田が『講義』で述べていたように、「絶対的な受け身の態度」に徹しているだけなのだろうか。

実は、藤田自身、この点に関しては揺れている。『講義』でも末尾では（「絶対的な受け身」ではなく）「自ら」の意識と「自ずから」の感覚が交流しつつ螺旋的に深まる、とも言っている。

意識することと感じること、それは「自ら」が「自ずから」に問いかけること、そしてその問いかけへの「自ずから」の応答を「自ら」が聴きとることです。坐禅のなかでこの二つの営みはお互いに入れ替わり、交流しながら螺旋的に深まっていきます。[30]

さらに、『講義』よりしばらく経った時点では、自己批判しつつこう語る。

坐禅って純粋受動じゃないかと言ったり、能動をやめて受動に切り換えることだみたいな言い方を、わたしの坐禅の本の中ではしているんです。でも最近は、能動と受動というのは単に裏返しただけで、坐禅は受動だと言ってしまったらちょっと不正確なんじゃないかという気がしていて、〔…〕坐禅は単に受動でもないし、かといって能動でもない。「ここにこういうふうにある」というあり方だと言ったほうが、わたしはいいんじゃないかと思っているんです。能動でもない、受動でもない、中動という変な言い方を最近はしています。[31]

この「自ら」と「自ずから」の螺旋的深まりとしての「中動」は、先の魚川＝大拙の言葉を使えば、「分別と無分別の弁証法」ということになる。

発酵にしたところで、人間が全く介在しないで微生物とその環境だけで現象としては起こりえようが、こと発酵「食」となると、小倉自身も広義の発酵の定義で言っていたように、自然環境にそれこそ星の数ほど存在する微生物のうち、「人間に有用な微生物が働く過程」である。

環境中にいる無数の菌のなかから、人間によくなつき、分解機能によって役立つ物質をつくってくれる「マイメン」をピックアップし、気持ちよく働ける環境を用意する。これが発酵の技術であり、この技術が集積してできるライフスタイルが発酵文化だ。

ということになる。つまり、発酵もまた「自ら」と「自ずから」の「中動」、co-creationということができる。

だが、坐禅において、人間の覚知にとって尽一切の無限の広がりが測り知れないように、微生物たちのミクロコスモスもまた測り知れなく、「不確定」な「複雑系」としてしか推測しえない。が、測り知れず不確定だからこそ、意識では認知不可能だからこそ、いわば「藝術的」ともいえる「直感」と長年の経験知を総動員して、そこに「賭け」、「サムシング・スペシャル」な発酵食が、坐禅が、コ・クリエートされてくるさまを楽しみ切れるのではないか。「双賽一擲」としての発酵、そして坐禅。

四　仏教3・0は仏教0・0か

藤田は、昔修行寺で同じ釜の飯を食い、その後テーラワーダ仏教を修めるためにミャンマーへと旅立った山下良道、そして哲学者の永井均と、『〈仏教3・0〉を哲学する』[32]という鼎談本を出している。それを取り上げ、魚川は、「仏教1・0」は我々日本人にとって当たり前の日本の大乗仏教、「2・0」はテーラワーダなど日本に「新しく」入ってきた仏教、そして「3・0」は「1・0」を基礎としてアメリカやミャンマーで「2・0」の要素を取り入れそれらをさらに「アップデート」した仏教、と要約する。そして、藤田と山下各々の「3・0」の内容は素晴らしいが、唯一の憾みは、自分たちの「3・0」こそ、ブッダが説いた本来の仏教＝「0・0」だと言ってしまうことだと指摘する。それに対し藤田は、「3・0」は「原点回帰というか原点の再発見みたいな感じがあるので、そういう表現になってしまう。もちろんそれは主観的な感じなので、文献的な裏付けがあるわけではありませんから、やめろと言われれば『はい、そうですか』とひっこめるのにやぶさかではない」[33]と応答する。魚川はさらにツッコミを入れ、これまでの仏教の歴史がある意味で絶えず「アップデート」されてきたものであるのに、「3・0」を客観的根拠もなく「0・0」とする「はずだ論」はかえって「3・0」の価値を落としめることにならないか、と疑問を呈する。

この魚川の挑発的な問いに対しても、藤田は「いなして」みせる。が、論旨としては、魚川のそれはまさに正鵠を得ているように私には思われる。

ところで、先の発酵に関する章（第3章）で、私は「藝術2・0」的なものの特徴の一つとして、単なる原点回帰にとどまらず、それを現代的感性・文化で「再デザイン」する技、「冷たく」も「熱い」クリエーションなのではないかと問うた。

藝術2・0は、「冷たい」クリエーションに根を降ろしながらも、それを単に回帰的に反復するのではなく、それを「熱い」クリエーションによって再デザインする技、「オーガニック軸」に沿って原点回帰しつつも、同時に「イノベーション軸」に未来的可能性を開花させるような、いわば「冷たく」も「熱い」、逆説的なクリエーションと言えないだろうか。

藤田の坐禅も、魚川の慧眼が見抜いたように、単なる原点回帰ではない。「坐る」という「冷たいクリエーション」を、現代的でイノベーティブな「熱いクリエーション」で「再デザイン」しているのだ。だからこそ、それは単なる「0・0」ではなく、まさに「アップデート」された「3・0」なのに他ならない。

では、その「熱いクリエーション」とは何か。それが先に論じた「他者（家族）を『感じ、ゆるす』」という間主観的、さらには（メルロ＝ポンティ風に言えば）間身体的冒険なのであり、さらには「他者に伝える二つのコトバ」、すなわちソマティックなコトバによる「感じる」「くつろぐ」からだづくり、そして非仏教語、なかんずく英語による「民主的」ともいえる非分別の分別化なのではなかろうか。パスカルにさえ語りかけうる「現代坐禅講義」たる所以である。

五　坐禅は「創造的」たりうるか

藤田は、数学者の森田真生とのトークに触れ、坐禅と創造性との関係に言及する。そのトークで藤田は以下のように語ったという。

人間というか、生き物全般は、「作られつつ作る」というあり方で存在しているものなのだけれど、坐禅というのは、そこで「作る」ということを一時的にやめて、「作られている」というあり方を前面に出そうとする営みだ。

それに対し森田は、クリエイティブな人は、たいてい姿勢が悪かったり、食生活や人間関係が乱れていて、坐禅が求めるような調身・調息・調心から縁遠いタイプが多い。むしろ創造性の源泉は、「調っている状態からのズレや崩れ」にこそあるのではないか、と指摘したという。さらに森田は、「常に生成進行している世界と一つであること」を「イエス」と一度肯定した上でそこに「ノー」を突きつける、調っているものをあえてクリエイティブに崩すことで「悟り」の後の人生を創造的に生きることができる、とも主張していたという。

藤田は、この森田の考えを「面白い」とした上で、それとは異なり「涅槃寂静」から生み出される創造性もありうるのではないか、しかし自分ではとてもそうした創造性を示すことはできない、とコメントする。

（藤田の伝える）森田の「創造」観が（私が第2章で示したように）たぶんに「近代」的Art観の残響であるのに対し、藤田が予感する「涅槃寂静」から生み出されるかもしれない創造性とはいかなるものなのか。そこに、私が追う「藝術2・0」のさらなるヒントが隠されているのではないか。

魚川との対談本で藤田は、これ以上展開していないが、私が試みたインタビューで、彼はおおよそ次のことを述べた。「宇宙と共振している『内臓』の声を聴く。それを「詠う」「褒め讃える」芸術があってもいいのではないか。内在的超越＝everyday sublimeを讃えるようなhymn（讃歌）、あるいは芭蕉の句のような。お茶席でお湯が沸く「ちんちん」という音だけでもsublimeになる」。

「涅槃寂静」から生み出されるかもしれない創造性。例えば茶の湯に「創造性」がありうるとすれば、まさにそうしたものになるのではないか。「自ら」と「自ずから」が、張りつめながらもくつろぐしじまのなかでco-createするeveryday sublime。

第8章　藝術2・0の真相へ――まずは茶道から

茶への旅

私は、二〇一二年に、先述の『汎瞑想[1]』を出版した。その最終章で、私は「茶道」について言及している。

この書は、東日本大震災と福島第一原子力発電所の災厄の後の世にあって、その災厄に奇しくも象徴・露呈されてしまった資本主義的文明の人類史的・地球史的限界を、人類がいかに乗り越え、〝もう一つの〟文明・生活を創りなしていけるか、そこにこそ人類、そして地球の生き残りが賭けられているのではないか、と問うた著作であった。

そして私はフランスの思想家フェリックス・ガタリの「エコゾフィ（écosophie）」という思想――人類が脱資本主義的文明を創造していくには、環境のエコロジーと社会関係のエコロジーとともに「主観性（subjectivité）」のエコロジーが不可欠であるという思想[2]――に依拠しつつ、その主観性のエコロジーの最強の方法の一つとして（ガタリ自身は論究しておらず、代わりにその方法をアートや制度的精神療法に求めたのだが）「瞑想」にフォーカスし、その精神のエコロジーの可能性を社会・生活のあらゆる場面に探索していった。「汎」瞑想の所以である。「そして、その精神的実践を、新たな、来るべきコミュニティ創造の実践へと変奏・展開したものこそ、エコヴィレッジ、少なくとも私の理解する限りでのエコヴィレッジに他ならない[3]」として、瞑想をいかにエコヴィレッジ的コミュニティ創造のコミュニティづくりに接続しうるか、を最終章で問うていた。論の詳細は拙著に当たってもらうしかないが、少なくとも当時の私は、この「接続」の方途の一つとして（自然農法や修験道と並んで）「茶道」――もちろん家元制度などにより硬直化・儀礼化したそれではなく、例えば哲学者の久松真一が説いたような「綜合的」な「新生活様式」を生みだしうる創造的方法としての茶道――に、全くお点前の経験もないにもかかわらず、着目したのだった。

「わび茶」は禅を禅院から在家の露地草庵に、禅僧を居士としての茶人に脱化して、そこで禅院や禅僧にはできなかった庶民的禅文化を創造したものであるといえると思うのであります。[4]

久松は『茶道の哲学』で、「わび茶」を単に庶民的禅文化の「伝統」に帰することなく、逆に新しい文化、生活様式、しかも日常生活のあらゆる場面を再創造しうる「綜合的」な新生活様式ですらあると宣言する。

すなわち利休は庶民的禅文化を形成し、庶民をしてそれに参ぜしめ、新しい様式の生活を創造したのであります。茶道は新生活様式でありまして、その中には日常生活がすべて綜合的に包括されているのであります。人間の生活の低い所から高い所まで全部含んだという点で、茶道は普通の芸道とか、あるいは文化とかいうものとはよほど違った性格のものだろうと思います。[5]

そして、その「わび」的生活様式とは、何よりも「物を持たないのを生かす」、「無を生かす」生活様式であった。

侘茶人というものは、物を持たないのを生かすというところに非常に大きな意義があると思うのであります。〔…〕いわば無を生かす、あるいは無が生きた無であるところに大きな意義があると思います。〔…〕そこまで深く考えなくとも、とにかく、家を建てるにしても金もないし、よい材料もないから、そこら辺から有り合せのものや廃物を集めてきて、ほんの膝を容れるに足るような粗末な小屋を建てる。その小屋の建て方や、有り合せの資材の用い方や、空間の利用の仕方をよく考える。露地ならば、狭隘な土地をどう生かしてゆくか、その生かし方を考える。どう生かすか、その生かし方に侘の問題があるわけであります。(6)

そして「侘茶人」とは、久松によれば、禅の修行によって自己を空無化した「無相の自己」が住まい働く何者かである。

> 茶道の第一の目的は人間形成であった。そして、このような人間形成が茶道文化を生んだのであります。無相の自覚が形に現われてくる、その現われたものが茶道文化である。〔…〕無相の自己が浸透していないような茶道文化はない、茶道文化には必ず無相の自己が浸透しておるのであります。すなわち、茶道文化は無相の自己のインカーネーションであります。(7)

無所有・無相の自己が自らを具現化《インカーネート》・化身する新生活様式としての茶道。この、汎瞑想的文化・生活様式を、現代のエコヴィレッジ的文脈において再生できないだろうか。無相なる者たちの〝空〟が交響しながら、そこに自ずから溢れだす生命の泉と合一するようなコミュニティ——そこに私は、〝もう一つの〟文明を創りだしうる「わび」的なエコヴィレッジの可能性を夢見たのだった。

『汎瞑想』執筆当時、鎌倉に住み、その後京都に移り住んだ私は、幾たびか茶を稽古すべく、席に臨みもした。しかし、それらの席は、久松が同時代の茶を強く批判したように、「巧言令色」に堕した、[8] およそ無相の自己による新生活様式、「わび」的エコヴィレッジの創造への気配を微塵も感じさせない席であった。そうした落胆が重なり、諦めかけていた時、本書の「はじめに」で触れた「PLAY ON, KYOTO」の縁で、面白い試みを行っているらしい若い茶人たちが営む「陶々舎」の噂を耳にし、さっそく訪れた。そして、そこに藝術2・0の気配が濃厚にしかも爽やかに立ちこめているのを直感した。

陶々舎は、二〇一三年、デンマーク人に師事した天江大陸、カナダ人に師事した中山福太朗、そしてチリ人のガイセ・キキという「ハイブリッド」な若者三人が大徳寺の西に開いた「お茶と暮らす家」である。それは、私が見る限り、久松の生きた時代からおよそ半世紀経つとはいえ、まさに現代の文化・社会的文脈において「新生活様式」を創りださんとする、しかし肩の力の抜けた、「軽やかな」実験場となっている。能、雅楽、あるいはヨガといった古からの芸能や身体術に茶を絡ませたかと思うと、鴨川べりで道行く人に野点を供する。さらには無印良品の売り場でそこで売られているアイテムだけで茶会を催す。他方で、身体的・精神的に茶のルーツを体感するため、稲作に励む。京都という土地柄、その遺産を活かしながら、同時代の生活の様々な場面に茶を開き、茶が蔵する創造的潜在力を解き放ち、堪能する。私は、遅まきながらも、その茶の「力」に触れ始め、学び、そして楽しみ始めた。

ところで、現代美術・文学の作家、赤瀬川原平は『千利休　無言の前衛』という本を出している。彼はそこで、前衛芸術の消滅、そして自身の作品を作ることの不毛について語っている。

芸術の概念を、日常の感覚につなげようとする前衛芸術は、そうやって日常への接着を繰り返すうちに、日常に接近しすぎて、接着というよりもその中にはいり込み、日常のミクロの隙間から消えていった。そうやって前衛芸術は消えたのである。〔…〕そこにいた私自身のことでいえば、私もまたキャンバスを丸ごと梱包した作品、千円札を機械的に印刷した作品、という、芸術作品としての臨界ぎりぎり（千円札作品はじっさいに裁判にかけられた）に達した結果、ものを作ることの不毛に目覚めてしまった。芸術の臨界が見えたのである。新しい発見がなくなった。要するに芸術作品に魅力がなくなったのである。(9)

彼もまた、芸術の「死」をまざまざと味わったのだ。彼はその後、「作る」ことをやめ、「路上観察」に没頭し、「トマソン物件」なる「無用」で「無機能」な「超芸術」の探索をつづけていく。そんなある日、家の電話が鳴る。草月流家元で映画監督でもある勅使河原宏の使いからだった。今度、野上弥生子の小説『秀吉と利休』を映画化するが、その脚本を書いてくれないかという依頼だった。茶のど素人で、しかも

「安土桃山とか、鎌倉時代とか、平安時代とかの名前は知っていても、どれが先でどれが後か、その順番がわからない」ほど「本当に日本の歴史を知らなかった」にもかかわらず、「しかし私も前衛である。前衛芸術が消えたとはいえ、おのれの家の中の天井裏に、密かに前衛の神棚は奉ってある。それが人に先を越されていいだろうか」[10]という「前衛」の亡霊にそそのかされ、執筆を引き受けてしまう。

私もまた、赤瀬川同様、茶の「ど素人」ながらも、逆に「素」の視線・感覚で、陶々舎、なかんずく天江大陸と、茶を「習う」というより、その規矩、哲学、そしてその創造的潜在力を共に楽しみつつ、来るべき藝術2・0に思いを馳せている。以下は、未だ「茶的」に素朴な感性と知力が、茶の奥深さを手探りしつつ、しかしだからこそ清んだ心の目で、その深奥のうちに、先に、幻視する藝術2・0の「脚本」とでもいうべきものである。

茶道の哲学

久松の「茶道の哲学」に立ちもどろう。久松は、その「哲学」の精髄が開陳されている先にも引いた「日本の文化的使命と茶道」で、侘茶人＝無相の自己の「無を生かす」特異な創造性を称揚した後、翻って同時代の茶の世界の華麗の美を痛烈に批判する。

しかるに今日茶会などへ行ってみますと、花見か都踊りを見に行ったような光景を呈しております。かような美しさは、「わびの美」とは遥かに異なったものであります。侘の美は、栄華や華麗の美の批判と、否定から成り立ったものであるのであります。[11]

しかし、わびの創造は単に華麗を否定し無に惑溺することではない。それは、無を通して新たな有へと至りつく文化なのだと言う。

無一物というと非常に消極的に感じられますが、無一物中無尽蔵というように、そこにはかえって自在な創造性があるのであります。創造とは、有の否定を通して新たな有へということであります。自在な創造性は、絶対無的な主体において初めて可能なものであるといわねばなりません。〔…〕「わびの文化」は有中に無のある文化であり、無が有中に表現されている文化であるのであります。[12]

有から無、そして無から新たな有へ。実存が「V」の字を描く軌道。すでに私たちは、田辺によるマラルメ、藤田・魚川による大拙などで、同じ軌道を見たのではなかったか。私は、この「V」に藝術2・0の実存的要諦を見ている。が、その詳細の検討は後回しにしよう。ここではさらに久松を追おう。

「わびの精神」は、しかし、室町末期から江戸初期までが最も溌剌としていたが、以後今日に至るまで、硬直し形式化してしまい、「死んでしまった」とさえ、久松は言う。だから、今日の茶道は、「わびの精神」を復活させ、新しい創造の主体を確立することが急務だとする。そして、茶道の「改革」を四つの視点から提案する（①真の茶道の自覚が欠如　②茶道の本質に対する認識の欠如　③茶道の生活からの分離　④手前の煩瑣、手先の芸）。

最後に久松は、目を外国に転じ、この「日本の文化的使命と茶道」の結論とする。

しかし茶道文化というものは日本に特有のもので、外国においては見られない文化であるといってよいものであります。ですからこの日本に固有の文化内容を、国内において創造的に豊富にして、われわれの生活に寄与してゆくということ、と共に、それを外国にも見てもらって、日本に固有の文化の認識を欧米の人に深めてもらうということ、それから認めてもらうということだけではなしに、それを契機として欧米の新しい文化創造に寄与するということ、つまり欧米の新しい文化創造の契機となるというようなこと、これは日本茶道の非常に大きな使命であると思います。(13)

ところで、私は、本書の元となった「web春秋　はるとあき」での連載『GEIJUTSU論――藝術2・0を探る思考の旅』の「はじめに」で以下のように書いていた。

私（たち）はまた、藝術2・0が日本ローカルなものではなく、個々の文化圏で固有の藝術2・0（にあたるもの）があるはずだと予感している。将来的にその探訪にも出かけるにあたり、藝術2・0を「Art 2.0」と訳すことなく、ローマ字で「GEIJUTSU」と称したい欲望に駆られている。なぜなら、それは決して単なるArtのヴァージョンアップでもないし、いわんや新たなArtの〈外部〉の〈内部化〉でもないからだ。「MANGA」が決して「Comic 2.0」でないように、「ANIME」が決して「Cartoon 2.0」でないように、「GEIJUTSU」もまた、その特異な力を世界的に散種するかもしれないからだ。そして「GEIJUTSU」が、各文化圏で特異な藝術2・0を起動するかもしれないからだ。

この文を書いたとき、私は七年前に読んだ久松の文をすっかり忘れていた。だが、あたかも、久松が半世紀余り後、私に成り代わって書いているようではないか。ということは、藝術2・0は、茶道を「改革」すること、この二一世紀初めの文脈で改革し、その改革した茶道を「GEIJUTSU」として海外に示し、さらにかの様々な地に固有な文脈で各々の「GEIJUTSU」に当たるものが起動することに貢献することなのか。

その問いに対し、今のところは、「そうとも言えるし、そうとも言えない」という（第3章で「藝術2・0は手前みそづくりなのか?」と問うた時と同様）両義的な返答で、とりあえず問いを宙吊りにしておこう。そして、その問いにやがて答えるためにも、先に進もう。

藝道の哲学

久松は、一九五七年、ハーヴァード大学で客員教授を務めた帰途、ヨーロッパ諸国、エジプト、パレスチナ、インド等を歴訪する。その間、ティリッヒ、ブーバー、マルセル、ブルトマン、ユング、ハイデッガーら、当時の「一流」の思想家たちと対談している。うち、一九五八年五月一八日にフライブルグ大学で開かれ、ハイデッガーが司会した懇談会「芸術の本質」の記録が残っている。(14)

ハイデッガーはまず、アジアでは、「われわれ（西洋人）」が「芸術」と呼んでいるものをいかなるものとして理解しているのかと問う。そして、日本にはそもそも「芸術」を表す言葉があるのかと（ある意味素朴に）問う。

久松はまず、後者の問いに答え、日本にも（西洋的意味での）「芸術」という言葉があるが、それは、他の西洋由来の概念同様、芸術の概念を自国語の語根を用いて翻訳したものだと応じる。その上で久松は、日本にはもう一つ、ある意味で芸術を表す古い言葉があり、それはヨーロッパ的な影響を受けていない、別様の深い意味を持っていると言う。それが「芸道」という言葉である。「道」は、中国語の「道《タオ》」に由来し、従って芸道としての芸術は、「われわれの生命とか本来の有り方への深い内的な繋がり」をもっていると述べる。

さらに久松は、芸道と禅の繋がりを訊かれ、芸道を「禅芸術」と言い換えつつ、「芸」には二通りの意味があるとする。第一は、人が「根源に参入する道」であり、第二は人が「一度根源に参入した後、現実に還り来ること」だと言う。そして、芸道=禅芸術の真の面目は、後者にあると言う。この場合の「現実の根源」とは、「根源的な真なる生命とか真実の自己といわれている事柄であり、一切の緊縛を脱した離脱であり、一切の形とそれに由る束縛とを空じて有ることであり、それはまた、無とも言われて」いる。芸道=禅芸術は、畢竟、(西洋では根源がなんらかの仕方で「有」であり「形相」的であるのに対し)「無相」な、「無」としての根源が、一切の「有」「形相」を空じているがゆえに、相無きものとして自由自在に動き得る、その自由が形あるものに現れ来たったものに他ならない。

したがって、未だ芸道=禅芸術の真相が測りがたいとみえる一芸術学者が、(少なくとも西洋人から見て外見的に似ているように見えないこともない)現代芸術、特に抽象絵画と禅画との類似性について問うた時、久松が断固として両者の差異を強調するのも至極当然である。前者が「形」を破壊し「形」の向こうに行こうとする限り、依然

「形」に縛られているのに対し（先ほどの第一の「芸」）、（第二の「芸」たる）禅画は正反対の方向、すなわち無相の自己が形あるものの方に現れ来たることにその真髄があるからだ。

懇談の最後に、同じ芸術学者から、西洋の考え方では「芸術でないような芸術」、たとえば生花とか茶道も、日本の考え方では「芸術」なのかと問われ、久松は、当然のごとく、根源的自己の自由な働きが形あるものに現れ来たる限り、その現れが西洋的な意味での芸術の諸領域でなくとも（つまり花や茶であっても）、それらはすべて（芸道としての）芸術である、と締めくくる。

久松がこの懇談で芸道＝禅芸術の精髄として強調するのも、またもや「V」である。「根源（＝無）への参入」と、そこからの「現実（＝有）への還帰」である。抽象絵画を含めた西洋の同時代芸術が未だ前者の途上にあるのに対し、芸道＝禅芸術は後者にこそ、その真骨頂を発揮する。Vの要は、根源＝無の経験の有無。

この懇談の冒頭、時間を間違え遅れてやってきたハイデッガーに、久松はユーモアを交えてこう語りかけていた。

　ハイデッガー教授はおくれていま到着されましたが、無からでて来られましたので、おそく来られたことを私はすこしも残念には思いません。禅も無から出てくるものですから。ここで無から出て来たもの同志が会えて大変嬉しく思います。

（笑声）[15]

「無から出て来たもの同志」。確かにハイデッガーは、同時代の「西洋」の思想家の中でも最も「無」に魅せられた者の一人と言えるだろう。だからこそ、久松からもユーモアを込めてこう評されたにちがいない。

　先に、美術批評家椹木野衣も、水墨画的感性の彼方に、西洋近現代芸術を超える「別のアートのあり方」を見定めつつ、その存在論的根拠に、この哲学者の「存在」の「隠れ・なさ」を挙げていたのにも、だから合点がいく。が、はたして、ハイデッガーの「存在」は、その思索・経験の深まりにおいて実際どこまで「無」化されていたのか。少なくともこの懇談（一九五八年）に先立つある時期、それが「民族」へと、さらに「国家建設」へと再「有」化されうる契機を孕んでいたのではなかったか。[16] はたしてこの久松との邂逅の折、真に「無から出て来たもの同志」だったのか。その「無」ははたして同質（?）の、禅的（?）無だったのか。それが「無」である限り、私たちも、久松も、そしてハイデッガー本人も、知る由がないだろう。

　いずれにしても、私がここで、さらに久松の「藝道」論を（件の懇談の翻訳が終始「芸」（術・道）」という字を当てていたが、ここで私たちの語法に戻ろう）、そしてその先に「藝術2・0」論を深掘りしていくにあたって強調したいのは、この「無」の経験の質と在りか、そして「無」からの「現実」＝「有」への還帰としての「藝」の様態如何である。その点に注目しつつ、さらに「藝道」の哲学を追究していこう。

ここから、久松自身の論を参照しつつも、さらにそれを展開・深化させたと思しき弟子筋にあたる倉沢行洋の藝道の哲学を中心的に検討していきたい。

倉沢はその名も『藝道の哲学』という著書[17]、そしてそれに基づき、久松の茶道論・藝道論を解説・敷衍した「禅と茶と藝術」[18]で、その「藝道の哲学」を開陳している。

後者で、倉沢は、先の久松とハイデッガーとの懇談における「藝術」と「藝道」との比較に触れたあと、藝が「藝道」となるには何よりも「修行」が必要であり、修行とは「自己変革」のことだと言う。「道」でない藝は「現在の自己の在り方をそのまま肯定して」行い楽しむものであるのに対し、「道」である藝は、「現在の自己の在り方を徹底否定して新しい自己として生まれ変わることをめざす」ものだとする。その生まれ変わった自己こそ、久松の云う「無相の自己」であり、それを倉沢は（茶道書『南方録』にある「心ノ一ツガネ」という表現に拠って）端的に「心」とも言い表す。畢竟、茶道とは「茶から心へ」そして「心から茶へ」の道、すなわち「茶⇅心」の道であり、藝道も同様に「藝⇅心」の道となる。まさしく「V」。久松が先のハイデッガーとの懇談で藝道＝禅藝術を定義した「根源に参入する」道と「現実へと還帰する」道のVを倉沢はこう変奏する。そして、藝によって人はある「姿」を生み出すことから、それを「姿⇅心」とも言い換える。

続いて倉沢は、「藝（姿）⇅心」に絡めて「型」論を展開する。茶道の「点前」とは、多くの型の「有機的集積」であり、その点で能楽の「型」とも共通すると言う。修行の末、人はいつしかあらゆる型を、もはや何らの努力・緊張なくして安々と行い得る境地に至る。世阿弥はそれを「安き位」と呼んだ。そしてそれには二種類ある。(一)自分が型にすっかり嵌まり込み、型になりきってしまう境地、すなわち「達人」。(二)型を自己表現の形式として用いる境地、すなわち「名人」。そして、倉沢によると、名人の自己とはかくの如きものである。

普通の個我的自己ではなくて、型への没入を志向してきた自己が、型において死に、絶後に蘇った新しい、普遍的自己で、芭蕉のいう、西行の和歌・宗祇の連歌・雪舟の絵・利休の茶湯に貫道する一なるものとしての自己である。世阿弥は、自己のこういう転換を、仏教用語をかりて「色即是空」から「空即是色」への転換と言い表し、「空即是色」の自己を、これも仏教用語をかりて「無位真人」と言い表している。(19)

「色即是空」から「空即是色」へ。またもやV。名人は、空から色へ、無から有へ、心から藝=姿へと、型を自在に用い、軽やかに無相の自己を表現する何者か、なのである。

結局、達人においては型が主で自己が従であるのに対し、名人においては自己が主で型が従である。だから名人は、自己の表現にとって型がそぐわない場合、型を「破る」、つまり「破格」する。

名人は、次いで、既存の型の一つ一つを検証してゆくことになる。巨視的には、ある型が、彼の生きている時代にふさわしいか否か、彼の生きている地域にふさわしいか否か、が検証され、微視的には、その型が、それの行われる時・場所・状況にふさわしいか否か、また彼の個性にふさわしいか否か、といったことが検証の具体的内容となる。こうして、既存の型のうち、その時、その処、その人にふさわしい型は残され、そうでない型は捨てられ、または改められる。全く新しい型も作られる。これが「破格」である。[20]

まさに、私が藝術2・0に見てとろうとした二つのクリエーションの弁証法、「冷たいクリエーション」（＝型）を再デザインする（＝「破格」する）「熱いクリエーション」の弁証法が描かれているようではないか。

が、名人は、さらに先に行く。「離格」である。「離格」とは、既存の型にも、そして自己表現のために自分が作った型にも束縛されない、どこまでも「軽やかな」境地。

晩年の芭蕉が唱えた「軽み」は、この意味での軽やかさにほかならない。世阿弥が至上の藝境を示すのに用いた「妙」という言葉も、基本的には離格の軽やかさ・軽みと等しい[21]。

離格の名人こそ、真の名人、名人中の名人である。名人はだから、「無法者」でもある。

と言ってもこの場合の無法は、普通に言う無法・無秩序・アナーキーとは異なる。何となれば、主体自身が根源法則であって、彼は所謂、己れの欲するところにしたがってのりをこえざる境地にあるからである[22]。

そして、この「無法者」となった名人こそが、真に新しき創造、「新風樹立」の主体なき主体となる。

創造・新風樹立とは、今までになかった新しいものをつくるということであるが、その内実は、「心ノ一ツガネ」が新しい「姿」を取って自己表現するということでなければならない。つまり、創造において「姿」は新しく変るが、その本である「心ノ一ツガネ」は変らないのである、否、変ってはならないのである。その意味では「心ノ一ツガネ」は永遠に古いものである。永遠に古い「心ノ一ツガネ」が絶えず新しい「姿」をとって自己表現するというのが、創造ということの真義である。[23]

倉沢によれば、こうした「新風樹立」としての創造こそ、芭蕉の説いた「不易流行」、すなわち「万代不易」と「一時流行」の二にして一なる創造となる。芭蕉は、世阿弥は、そして利休は、すでに藝術2・0を実践していたのか。久松、そして倉沢が彼らの「藝道」に見た、冷たいクリエーションと熱いクリエーションの弁証法こそ、藝術2・0の実相だったのか。だとしたら、私たちは、二一世紀の今、名人の「不易流行」を復活させればいいのか。私はここでも、「そうとも言えるし、そうとも言えない」と、曖昧に答えるにとどめよう。

いよいよ、藝術2・0の真相に迫るときだ。

第9章　藝術2・0とは何か――いびつなV、いびつな○をめぐって

いびつなV――GEIDOの精髄その一

私たちはここまで多くのVを見た。遡ってみよう。久松・倉沢・利休のV（有・藝・姿↓↑無・心）、藤田・魚川・大拙のV（分別↓↑無分別）、アズワン・サイエンズのV（決めつけ↓↑ゼロ）、田辺・マラルメのV（生・有↓↑死・無）、そして「V」としては示さなかったが、小山田は「芸術」の、小倉は「発酵」の、中川は「桶」の、各々「原点・零度」へと赴き、そこから独自の再創造・再デザインへと向かっていた。そして私自身もまた、マラルメの「虚無」を追体験しながら、Vを描きつつ、学びを再創造・再デザインしていったのではなかったか。

これら、「最初の先生」たち。

各々、既存の社会から〈外〉に出て、各々の仕方で自らの実存全体をVに賭して、「最初の先生」として復活を遂げた。その〈外〉は、既存の社会の外という意味での

「異邦」への旅でもあったろうし、あるいは物理的には移動せず、自分の内なる〈外〉への旅でもあったろう。多くの者は、両方の旅を同時に行なっていただろう。

その〈外〉への旅路で、各々は既存の「型《かた》」――代々の生者たちが生物的・文化的・社会的生き残りをかけて受け継いできたが、いつしか硬化し、「反復」へと束縛するようにもなった「冷たい」クリエーションとしての「型」――と、血みどろになるまで闘い、「型」を破り、「型」なき、底なしの深淵へと落ちていった。「茶道」の型、「坐禅」の型、「心」の型、「芸術」の型、「教育」の型、「発酵」の型、「桶」の型、そして「人間」そのものの型――彼らは、田辺・マラルメの云う「宿命（destin）」を、各々の「行」によって貫通し、内破しつつ、「型」なき向こう、果てしなく広がる無に何があるか、起こるか、全生命を賭して見極め、挑んでいった。そして、その無限の彼方、底なき底から、何やらあたたかいものが、きらめきながら押し寄せてきて、全身を浸し、浄らかな愉楽で満たすことをまざまざと体験した。「いのち」が「自ずから」、四方八方から打ち寄せ、無と化した自らもそれに溶けいっていく。「道《タオ》」、「自《じ》然《ねん》」、「いのち」、「la Musique」……、何と呼ぼうが、もともと人間の言葉では名づけようのない〝何か〟。

『老子』に云う。

物有り混成し、天地に先だちて生ず。寂《せき》たり寥《りょう》たり、独立して依《よ》らず、周行して殆《あやう》からず。以て天地の母たるべし。吾《わ》れ其《そ》の名を知らざるも、之《これ》に字《あざな》して道と曰《い》う。強《あなが》ちに名を付さば大と曰うべきか。大はここに筮《きざ》し、逝《ゆ》きてここに遠《とお》く、遠くしてここに反《かえ》る。故に道は大、天も大、地は大、王も亦《ま》た大。域中に四大有りて、王、其の一に居る。人は地に法《のっと》り、地は天に法《のっと》り、天は道に法《のっと》り、道は自然に法《のっと》る。(1)

その「道《タオ》」の「いのち」、気の奔流を浴び、一度死した自己は蘇る。しかしその自己は、「もはや君の識っていたステファヌ」（マラルメ）ではなく、「無相の自己」（久松）、道の奔流に波乗り、いや奔流そのものに成りきった何者か、もはや社会的人称を失った「それ」（「『それがそれをしている』と言うしかない」藤田）としての「名人」である。ここから、「それ＝名人」の再創造が始まる。無・心から有・姿・藝への還帰の道が始まる。それはまず「破格」から始まっていた。

名人は、次いで、既存の型の一つ一つを検証してゆくことになる。巨視的には、ある型が、彼の生きている時代にふさわしいか否か、彼の生きている地域にふさわしいか否か、が検証され、微視的には、その型が、それの行われる時・場所・状況にふさわしいか否か、また彼の個性にふさわしいか否か、といったことが検証の具体的内容となる。こうして、既存の型のうち、その時、その処、その人に

ふさわしい型は残され、そうでない型は捨てられ、または改められる。全く新しい型も作られる。(2)

こうして、「茶道」の、「坐禅」の、「心」の、「芸術」の、「教育」の、「発酵」の、「桶」の、そして「人間」そのものの型が、「原点」から「ゼロ」から、そこから噴き出すいのちの奔流から「ほんたうは何か?」(矢野・宮沢)と問い直される。そして「巨視的」かつ「微視的」な自然・文化的環境、そして「無相の自己」自体の身心的環境に応じて、型は「残され」、「捨てられ」、「改められ」さらには「全く新しい型」が作られる。そうして、たとえば藤田は数々のソマティック・ワークから身体術までを、小山田は大工仕事から現代美術までを、アズワンは株式会社から地域通貨までを、試し、活かし、捨て、変え、自らの型なき型、変幻自在な「無型の型」ともいうべきものを、都度創造していく。そうしてやがて「離格」の境地が訪れる。「無技の技」(小山田)、「純粋なくつろぎ」(藤田)、芭蕉の「軽み」、世阿弥の「妙」。利休の「無作の作」(3)が訪れる。

夏はいかにも涼しきやうに、冬はいかにもあたかなるやうに、炭は湯のわくやうに、茶は服のよきやうに、これにて秘事はすみ。(4)

岡倉天心は、『茶の本』の第六章「花」の末尾で、茶人たちの生ける花、「花が花自身の物語を語るにまかせる」生け方を「自然派」と呼びつつ、その究極を、「花御供」（花を生贄として捧げること）というイメージに託す。

花の中には死を栄光とするものもある――日本の桜のように、すすんで風に身を委ねるのだ。吉野や嵐山の桜吹雪を経験したことのある人なら誰でもわかるはずだ。つかの間、花たちは、宝石の雲のように渦巻き、水晶のような流れの上を舞うかと思うと、次の瞬間には、笑いさざめく水の流れにのって消えていく、あたかも、こう語りかけながらのように。「さようなら、春よ、私たちは永遠に向かって旅立つのです(5)」。

花御供は、花の成仏であるとともに、「無作の作」＝「離格」を旨とする名人が究極とするところでもあろう、人間の自然への合一、成仏＝死の栄光でもあるだろう。そこにはもはや、人間のいかなる「作」もなく、ただただ自然の「作」があるのみである。はたして、藝術２・０はここに極まれり、だろうか。

ところで、小倉ヒラクは、私とのインタビューで、味噌づくりに触れつつ、そこには環境と人間の「マイクロバイオーム（微生物叢）」が大きく関与していると語っていた。

お味噌も作る人によって味が変わってくるけれど、その人自身やその人の住んでいる家の微生物環境、「マイクロバイオーム」が作用する。大手のお味噌屋さんだと外から菌を入れるのである程度決まった菌しかいないんですが、自家製の場合は、麹菌以外は菌を添加しないので、そこらにいる野良の乳酸菌や酵母菌で味が大きく左右される。だから、発酵させる場所によってマイクロバイオームがそれぞれ違う。マイクロバイオームの多様性は住んでいるところからくるのはもちろんだけど、食生活とか、親、とくに母親からの遺伝も関係してきます。あとは、手の洗い方とか。それから、顔面でいうとストレスが多い人は、皮膚の表面の微生物叢がストレスという神経系の働きでエコシステムが変わってくる。変な脂汗が出ると、それを餌にする悪玉菌が増えてニキビの原因になります。(6)

つまり、もともと微生物の発酵する坩堝である味噌は、どんな環境でどんな人によって作られても同じになるわけではなく、それが存在している微生物環境＝マイクロバイオーム（そしてさらに言えば「マクロな」地球的・宇宙的環境）によって、そしてそれを扱う人間のマイクロバイオーム（およびマクロな環境）によって影響を受ける、絶えず「ゆらぎ」を孕んだ生成物なのである。

小倉は続ける。

人間という存在がそもそも、人間として持っているDNAと精神性、それと体内や環境内の生物との関係でつねにゆらいでいる存在なんですね。その存在が発酵食品というそもそもにゆらぎを抱えるものを作るので、仕込む人や場所によって質が変わるというのは当然なんですね。

ここで、小倉は、何気ないが重要なことを言っている。そう、人間は、他の生物同様、各自固有のマイクロバイオームをもっているだけでなく、同時に「精神」というもう一つのマイクロバイオーム、「心のマイクロバイオーム」とでもいうべきものをもっていると示唆しているのだ。

だから、同じ自然環境で同じ素材を用いて味噌を作っても、作る人の生物的マイクロバイオームとともに、「心のマイクロバイオーム」の様態、「ゆらぎ」いかんで、味噌という「ゆらぎ」もまた変容を被るのだ。自然と人間のco-creationである発酵食は、従って単に自然の（マイクロ）バイオームと人間の（マイクロ）バイオームの生物学的共創現象にとどまるものではない。そこには必ずや「作る人」の心の微細な在り様、「精神」のミクロなゆらぎが介在するのだ。

とは言っても、「冷たいクリエーション」としての発酵食は、その自然と人間のco-creationの在り方が反復的・回帰的で、「ゆらぎ」の振幅も先祖伝来の「伝統」の幅に収まりがちであるのに対し、小倉が紹介するような醸造の冒険家たちは、「頑なに伝統を維持するための『守り』ではなく、「むしろ新たな価値観を創造するための『攻め』[7]」へと転じ、自らの「OSとしてのアート」の直感と技を駆使して、微生物たちが（人間にとって）最高のパフォーマンスを演じてくれるよう、ミクロな自然の中の不確実性に賭けるのだ。

自分の手の感触を通して、揺らぎや複雑性をうまく取り込んでいく。原料や微生物の力に委ねることで、予測できないサプライズを歓迎する。最初に全てを見通してデザインするのではなく、つくりながら考える。感じながら変えていく。質を高めると同時に質の定義を変える。自分を信じながら、自分でないものに身を委ねる。ミクロの自然のなかの不確実性に飛び込んでいく覚悟と喜び。そう。発酵とは人間らしさの象徴なのであるよ[8]。

花御供もまた、それを見、それに感応する人間がいて初めて、「美」となる。桜が渦巻き、舞い、笑いさざめく、その「ゆらぎ」にこちらの心も「ゆらぐ」ことで、その死は「栄光」たりうる。

床の間に、花を一輪生ける時、その仮初めの生は、あたかもそれを生けた人間の、同様に仮初めの生を表すが如く、宇宙へと捧げられる。それは、行により限りなく無と化した人間、「無相の自己」の、しかしあくまでその人間・自己の心の現れ、極限にまで削ぎ落とされた現れである。

そして、その現れ、一輪の花は、宇宙の、道の、大いなる「いのち」の現れ、仮初めに宿る「依り代」（中川周士）でもある。極小のいのちが、無限大のいのちと交感する霊媒でもある。双賽一擲。無限に複雑で不確実な自然・宇宙の〈音楽〉へと手向けられ、賭けられ、交響するよう、「無相の自己」が自らの極小なる心、いのちを捧げる祈りである。

花、だけではない。名人の藝にあっては、点前の所作の一つ一つ、茶室の設えの一つ一つが、宇宙への賽の「一振り」なのである。

利休の「無作の作」とマラルメの「双賽一擲」は、こうして各々「藝道」と「Art」の極で、交わらんとする。

私たちが長きにわたって追い求めてきた藝術2・0とは、結局、ここに尽きるのか。この、超歴史的かつ超地理的な、藝道とArtの「名人」たちの交わりに尽きるのか。

否、とここでははっきり言おう。すでに第2章で暗示したように、藝道とArt、東のVと西のVには、決定的なちがいがあった。西のV、つまりArtは、「身体」を徹底的に忘却し、陵辱したのだ。マラルメの「虚無」と宇宙の秘儀の探究が典型的に示しているように、西のVは何よりも「精神」の冒険であった。マラルメはこう語っていた。

僕は恐ろしい一カ年を過ごしたところだ。僕の〈思想〉は自分自身を思考し、そして、一つの〈純粋概念〉に到達した。この、長きにわたった死に際の苦しみの間に、僕の存在がその跳ね返りとして蒙ったすべてのことについては、これを語り尽すことはできぬが、しかし幸いなことに、僕は完全に死んでしまった。そして僕の〈精神〉が入り込むかもしれぬ最も不純な境域は〈永遠〉である。僕の〈精神〉、それは自分自身の〈純粋さ〉に慣れている孤独者であって、その〈純粋さ〉を、もはや〈時間〉の反映すら曇らせることがないからだ。(9)

その〈精神〉の冒険が、「年来つき纏うた性悪な羽毛＝神」との激闘であったにもかかわらず、あるいはそうであったがゆえに、その冒険は、霊の上昇を礼賛し、肉の罪を罰するキリスト教の神学的二元論に深く浸されていた。だからこそ、マラルメを始め、西欧近代の精神の冒険家たちの肉体はことごとく病み、廃墟と化し、翻って精神までもが崩壊の危機に瀕したのだった。

なぜ、かような事態になったのか。彼らは、「坐らなかった」からである。坐禅を通した調身・調息・調心を知らなかったからである。人間は心身一如であるゆえ、人間を含めた宇宙全般、尽一切と通じ合うには、「ただわが身をも心をもはなちわすれて」（道元）、すなわち「身」「心」などと「分別」する精神の構えが、調息――呼吸

という まさに「身」と「心」の半自律的媒介が自ずから調う行――により「脱落」していく、そうしたホリスティックな探究の在り方を知らなかったからである。

確かに、西洋は「精神」の冒険、Art を突き詰めた結果、一九世紀、創造の「霊妙なる自律性」へと行き着いた。しかし、その「精神」の美学化は、世紀が変わると、その反動として、「精神」以外のあらゆるものの美学化へと転じ、「政治の耽美主義」(10)(ベンヤミン)としてのファシズムを招来したのだ。

では、藝術2・0とは、東のV、利休の「無作の作」を最終境地とする「藝道」を復活させることとなのか。私は前章で、「そうとも言えるし、そうとも言えない」という両義的な答えにとどめておいた。

陶々舎の一人、中山福太朗はあるインタビューでこう語っている。

　蛍光灯の下でマックの味を知った私たちが、Perfume を聴きながらどんなお茶をするのか。伝統文化なんて言葉に惑わされず、いま現在生きている自分の感覚で、それをいいと思うかどうかを判断していい。利休は死んでしまいました。今、現世に生きている私たちが、尊い。その私たちが、何をいいと思うのか――そこに魅かれます。誤解を恐れず言えば、家元制度はシーラカンスみたいなもの。あのまま生き続けていくことが大切なのだと思います。そのまま、ずっと受け継いだものを伝えてもらわないといけないし、それが博物館に収蔵されるのではなく、生きたものとして存在することに、大変な意義がある。私たち市井でお茶をしている人間はそうはなれないし、そうなる必要もない。トビウオにならなきゃいけないし、機動力も必要です。守らないといけないものがあって、好き勝手にしてはいけない人たちがいてくれるからこそ、私たちが自由に動くことができる。それは本当にありがたいことです[11]。

そう、私たちは、茶を知りながらも、マックも、Perfumeも知ってしまった。私たちの「心のマイクロバイオーム」には、「ポストモダン」で「マルチカルチュラル」な時代だからこそ、古今東西、多種多様な文化的「微生物」が棲みこんでいる。その中で、茶をしたければしなくてはならない。「熱いクリエーション」も多様である。Contemporary Artからデジタル産業まで、おそらく人類史上最も「熱い」時代を私たちは生きている。新しい、私たちの時代にふさわしい「藝道」を作り出すために、それらを活かさない手はなかろう。そう、それらの「熱いクリエーション」の中には、多種多様な「OSとしてのアート」が内蔵されている。それら、型の「有機的集積」を各々の仕方で修行した私たちは、各々の仕方で、各々のVで、自らが選んだ「冷たいクリエーション」に再接続し、来るべき藝道に向けて、「熱い」型と「冷たい」型を野合させつつ、もろともに「破格」し、特異な「サムシング・スペシャル」としての「双賽一擲」を、一輪の花を、道《タオ》に、いのちに手向けるのだ。

自然と人間、折々処々に特異な自然の（マイクロ）バイオームと、人間の心身の（マイクロ）バイオームとの一期一会のco-creation。両者にとっての「最高のパフォーマンス」へのjeu（賭け＝戯れ）こそ、藝術2・0、来るべき藝道ではないか。それを、（本論の元となった前述の連載での想定を裏切ることになるが）「GEIJUTSU」という日本人以外には耳慣れない響きではなく、JUDOやAIKIDOのように、人類の創造性の新しい複数的OS、絶えず自らを「破格」するOSとして、「GEIDO」という響きとともに、世界に示してみてもいいのではないか。

ただし、GEIDOを演じる主体はすべからく、久松の説く「道人」、すなわち、諸藝を究め、「個々の全一的根源たる主体的道」＝「王三昧」の境地に至った「清浄本然の無一物的主体」である必要はなかろう。ましてや「個人も国家も〔…〕動的に統合され、新しき秩序においてその所をえせしめられる」「歴史的生命の全体的動的統合性」をもたらしうる「創成的積極的動的質料」たる必要はなかろう。[12] こうした「清浄」なる「全体」主義に陥らぬためにも、私たちのVは、各々特異であっていいのではないか。全員が全員、「王三昧」を究め、「道人」たらなくてもいい。深かろうが浅かろうが、「物足りない」（藤田）ままでも、「差し控えて」（田辺）もいいではないか。「破格」するOS＝型も、さまざまであってもいいではないか。Vは「いびつ」であってもいいではないか。GEIDOはだから、さまざまに特異な「いびつなV」に〝開かれて〟いる。

いびつな〇——GEIDOの精髄その二

赤瀬川原平は、映画『利休』（一九八九年）の初期の脚本の中で、秀吉に切腹を命じられた利休が、その時を待ちつつ、堺の自宅に蟄居している折、最後の茶室として「楕円の茶室」を弟子とともに海辺の空き地で設計するというアイデアを盛り込んでいたと述べている。その後のスタッフ間の話し合いの結果、結局このアイデアは採用されなかったと、赤瀬川自身書いているが、私が映画を実見した限り、設定は「海辺で弟子とともに」から「自宅で妻とともに」に変わり、時間も大幅に切り詰められているが、利休が妻と睦まじくも「楕円の茶室」の雛形の障子張りをしている光景が描かれている。

なぜ真円ではなく、楕円なのか。赤瀬川はこう説明する。

真円の焦点は一つだが、楕円は二つの焦点を持っている。二点からの距離の和が一定である点の軌跡を追うと楕円形が描き出される。利休がはじめ真円を描き、その焦点の釜の位置をずらすことで楕円への端緒が開ける。そして釜の対称位置に二つ目の見えない焦点があらわれ、それこそが物質を超えてあるはずの利休の精神である。利休の精神はその楕円の茶室を未完のまま弟子に託して、切腹という通過地点を越えることになったのである。[13]

この「楕円の茶室」の、映画に登場する雛形の形。既視感がないだろうか。そう、中川周士のシャンパン・クーラーの形である。彼もまた、本来真円であらねばならない桶を、楕円へと、いびつな円へと変形したのではなかったか。

楕円の茶室と楕円の桶という二つのいびつな円い空ろ。そういえば、本書で言及した円は、この二つだけではなかった。ATPの生命の「環」、ウィークエンドカフェ、アズワンセミナー、非構成エンカウンター、ヨガ・オブ・ボイス、ギフト・サークル……。それらをこれまで私はなんの気なく「円」と呼んできたが、それらもまた実は「いびつな○」ではなかったのか。

私は先に、アズワンセミナーでの「きらめき」の体験を考察する途上、ユングによる〈円〉、エリアーデによる〈中心〉に触れた。ユングは「マンダラ」に〈円〉を見、その「中心」を「人格の中心・いわばこころ《ゼーレ》の奥底にある中心的な場所・の予感」として、「そこにすべてが関係づけられ、それによってすべてが秩序づけられ、それは同時にエネルギーの源泉である。中心点のエネルギーは、押し止めがたい勢いをもって現われてきて、その人本来の姿になろうとする」、そうした〈円・中心〉としてマンダラを描いた。[14]またエリアーデは、このように述べていた。

どんな小宇宙も、どんな人の住まう場所でも《中心》と呼びうるもの、すなわち特別の聖域をもっている。聖なるものが、――《未開》な人々におけるように（たとえばトーテム的な中心とかチュリンガが埋められる穴など）――原基的な聖体示現《ヒエロファニー》というかたちであれ、伝承的文明におけるように、神々の直接的な神体顕現《エピファニー》というより進んだかたちであれ、全体的な仕方で顕現するのはまさしくこの中心においてなのである。[15]

そして、その〈中心〉に垂直的に三つの宇宙界（天上界・地上界・地下界）が接合する「宇宙山」「宇宙木」「宇宙柱」を見ていた。

赤瀬川・利休の「楕円の茶室」は、その〈中心〉を外す。「二つ目の見えない焦点」を設える。その不可視の虚焦点に「物質を超えてあるはずの利休の精神」を招じ入れる。この誰よりも「均斉」を嫌った「利休の精神」を招じ入れるには、〈円〉を破り、「虚ろ」という「口」を開けなくてはならないのだ。

ところで、この国ではユング心理学の代表者とされる河合隼雄は、あたかもユングの「マンダラ・円・中心」論を内破するように、「中空構造」論を説いていた。おさらいしよう。

河合は『古事記』を読み解き、奇妙にも反復される三神の組み合わせのうち、中心にあたる神が常に無為で、記述すらほとんどないことに着目する。そして、この『古

楕円の茶室(『利休』より)

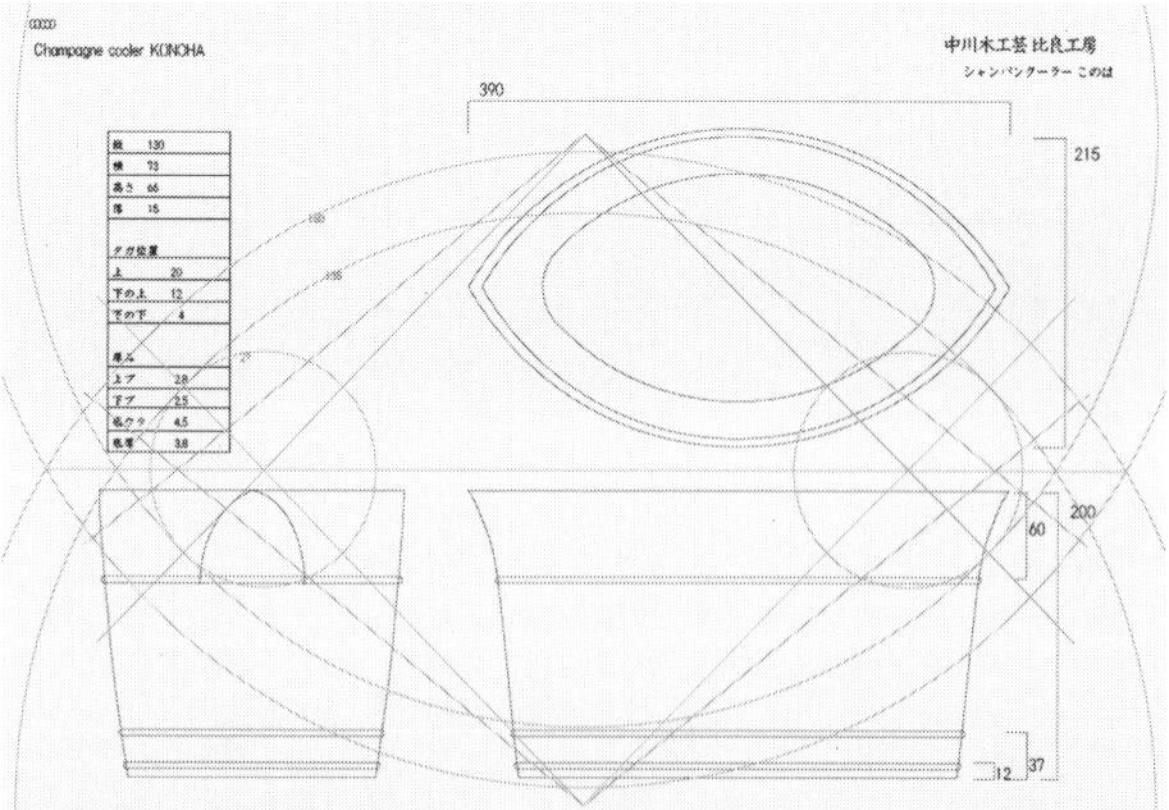

中川周士「シャンパンクーラー」の図面(写真提供:中川周士)

事記』神話における「中空性」こそ、以後発展してきた「日本人の思想、宗教、社会構造などのプロトタイプ」[16]になっていると主張する。そしてそこから、「中空巡回構造」を導き出す。

筆者が日本神話の（従って日本人の心の）構造として心に描くものは、中空の球の表面に、互いに適切な関係をもちつつバランスをとって配置されている神々の姿である。ただ、人間がこの中空の球状マンダラをそのまま把握し、意識化することは極めて困難であり、それはしばしば、二次元平面に投影された円として意識される。つまり、それは投影される平面に応じて何らかの中心をもつことになる。しかし、その中心は絶対的ではなく投影面が変れば（状況が変れば）、中心も変るのである。[17]

河合によれば、「中空巡回構造」は、社会組織の中で「短所」として現れれば、責任の所在が一つの「中心」に収斂せず、小さい仮初めの中心を経巡り、宙吊りになってしまう「無責任体制」となる。しかし（河合自身は明言していないが）それが「長所」として働き出せば、例えば、私がアズワンセミナーや非構成エンカウンターで体験したごとく、小さい中心たち、小さい「神々」たちが、各々いびつなVの奥底から辛うじて発する呟き、叫び、あるいは沈黙の強度が、中空の虚ろをさざめかせ、きらめかせ、荘厳するような小さな「奇跡」すら起こしうるだろう。

だから例えば、小山田徹も「小さい」火、「ちび火」にこだわるのだ。「大きな」火は、どうしても「大きな中心性を帯びたイデオロギー」[18]めき、（エリアーデ風に言えば）「宇宙柱」のような垂直的中心性を宿してしまう。だから、「女川常夜灯」でも、「小さい」火がたくさん、あちこちに灯り、人々はそれを不揃いに囲みながら、霊たちと交流するのだ。

ところで、岡倉天心は『茶の本』で、茶道は「東洋的民主主義」の神髄を示すと述べている。

　茶道は貴婦人の優雅なサロンにも受け入れられれば、庶民のあばら家にも分け隔てなく入っていった。わが国の農民は花を生ける術を心得てきたし、最下層労働者ですら岩や水を聖なるものとして敬うことを忘れなかった。[19]

そう、茶道はおそらくある時代まで（少なくとも天心の時代まで）、市井の生活の隅々に（正式なお手前ができるか否かにかかわらず）、その精神と型を「民主主義化」していた。だが、その「民主主義」は単なる世俗化ではなかった。逆に、日常の世俗の「縁」を半ば断ち切る、脱「俗」的な、半「絶縁」的な、非日常的民主主義だった。露地を歩みつつ、蹲で手を浄めつつ、にじり口を通り抜けつつ、人々は「世間」のしがらみ、社会的アイデンティティから解き放たれていった。

小山田がバザールカフェで実現しようとした「バリアフリー」の「共有空間」もまさに、そうした脱「縁」的民主主義ではなかったか。私たちは、日常生活を送りつつ、物理的バリアのみならず、同時に様々な社会的・心理的バリア、(『Ｓ／Ｎ』の云う)「沈黙の申し合わせ」により意識的・無意識的に縛られ妨げられながら生きている。『Ｓ／Ｎ』、そしてバザールカフェは、何よりもそれらの不可視のバリアの〈外〉＝"OUT"へと、互いの実存を晒しあう、しかし単に「傷」や「弱さ」を見せあうのではなく、それらを労わり、「ケア」しあうという意味での「バリアフリー」の空間だった。

私は先に、藝術２・０＝GEIDOを、「自然と人間、折々処々に特異な自然の〈マイクロ〉バイオームと、人間の心身の〈マイクロ〉バイオームとの一期一会のco-creation。両者にとっての『最高のパフォーマンス』へのjeu(賭け＝戯れ)」ではないか、と問い、いびつなVとしてのGEIDOの真髄を問うた。が、GEIDOにはおそらく、それと交錯・交響するもう一つの真髄、jeu、co-creationがあるのだ。それこそ、いびつな〇だ。

あるいびつなVを体現する者が、他のいびつなVたちを招く。彼らは、小さな火を囲み、あるいは「中空」のままで、坐る。招いたVは、他のVたちを歓待するために、一服の茶を、一献の酒を、一皿の料理を、あるいは一輪の花を、一幅の画を、一本の香を、あるいは簡素な一言を、沈黙を、供する。はたして、それらの手向け、賽の一振りが、Vたちの不可視の心身の（マイクロ）バイオームに、どのように迎え入れられ、「時熟」するか、知る由もない。それでも、招いたVは、全身全霊を込めて、供しつづける。投げつづける。Vたちの「いのち」がやがてほほえんでくれることを願って。

人間と自然とのco-creation＝いびつなVが、他者たち＝いびつなVたちとの一期一会のもう一つのco-creation、「最高のパフォーマンス」へと、己れの実存の深奥から賽を投じる。GEIDOは、いびつなVたちの創造的賭場としてのいびつな○でもあるのだ。

そうした「招く」Vこそ、茶道で云うところの「亭主」であろう（あるいは三田の家流に言えば「マスター」であろう）。

亭主は、招く。親しき者たちを招く。あるいは誰を招くのでもなく、でも誰が訪れてきても無条件に招じ入れる。親しき者たちを招く場合にも、彼（女）は彼（女）らの既知の人となりを再認し興じあうために招くのではない。親しき者たちの内にも秘められたVへと、自らのVの奥底から賽を投げるために招くのだ。その時、そこで、自らが、その者にしか投げえない何かを投げるのだ。「一期一会」の心構えとはそうしたものだ。久松は言う。

この「一期《いちご》」というのは「一期の命」などと使われるごとく、「一生涯」を意味し、「一期《いちご》一会《いちえ》」とは一生涯に一度の会の意味で、それが特に茶会を催す場合の心構え、態度などに関して多くいわれておるものである。茶事を催す場合、これが一生涯一度の会であると観念していれば、万事に隙なく心を配り、そこに自己の最善を尽くすこととなる。[20]

それは、「せっぱ詰まった」事態でもある。実存的に絶体絶命に追い込まれた事態でもある。一切逃げ場がなく、でも何かを投じなくてはいけない事態である。そこに久松は、日常の限界を突破する異常な力の湧出を見る。

> せっぱ詰まったということが、単に否定的な絶望契機《ぜつぼうけいき》にならないで、むしろ絶《ぜっ》対肯定契機《たいこうていけいき》となる時に、人間は日常の限界を突破して、異常な自在な力を発揮することができるものなのである。[21]

この絶体絶命の窮しきった境地を全面的に肯定し楽しみきるところに、「亭主」の歓待の醍醐味もまたあるだろう。三田の家での私も、この醍醐味を味わっていたのだろう。

ところで、「亭主」はまた、「先生」にも、「最初の先生」にもなりうる。彼（女）

の無底のVは、その奥深さゆえ、多様な特異なVを招じ入れることができる。浅かろうが深かろうが、あるいは行の途上にある者をも受け入れることができる。そして彼（女）らに向けて、亭主は、自らのVを形作ってきた様々な経験、修得した「型」、無への冒険とそこからの帰還、「破格」の姿、場合によっては「離格」の「軽み」をも、贈ってみせる。藤田が「学林」で、小山田が「カフェ」で、私が「三田の家」で、そして田辺が野上との逢瀬で、贈っていた「学び」とは、そうした学び、「絶対無即愛」であるような学び、贈られ「時熟」し「死復活」するような学び、絶体絶命に窮しきり、それでもその一期一会を絶対的に肯定しつつ投じる賽のような学び。

その学びの双賽一擲が、投じられたVたちの実存の深奥、心身の（マイクロ）バイオームの中で「時熟」し「死復活」し、どのような目を、「命数＝命運（nombre）」を出すか、「先生＝亭主」には測り知れない。その目＝数が出るのは、「先生＝亭主」が文字通り死して後かもしれない。しかし、「先生＝亭主」は投げつづける。贈りつづける。いつしか、いびつなVたちの中で死復活するであろう学びの命数のきらめきが、響きあいながら、重々無尽なる星座を描き出し、やがて宇宙の〈音楽〉を奏ではじめることを信じて。

エピローグ　野上弥生子と田辺元

野上弥生子は、一九六〇年一月一九日付、成城から北軽井沢の田辺元に宛てた手紙を次のように始めている。

寸啓　東北地方の大雪とともに信越線もたいそう荒れておりますような新聞の記事をよみまして、北軽の御起居を御案じ申あげております。インクも凍る厳寒期にいよいよおなりの事と拝察いたしますが、御さわりなくいらせられましょうか。それのみが念じられます。マラルメのイギツールからサイの一擲《〔ママ〕》への御思索も漸次に御進展と存じあげられます。東京も寒入りにつれて御寒くはなりましたが、ずっと晴天つづきで快よい冬と申されましょう。相かわらず利休の書き直しに午

前いっぱいを費し、午後はむりのいかない程度に読書という時間わりを守っております。(1)

事実、田辺が『イジチュール』や『双賽一擲』と格闘するのに伴奏するように、野上は『秀吉と利休』の執筆に精を出していた。野上は、一九五九年四月一五日の手紙で、田辺に、件の小説を書き始めたことを伝えているが(「私はやっとペンをおろしまして〔…〕(2)」)、一方田辺は、直前の四月二日の便りで、『双賽一擲』に取りかかったが、「難解無比判じ物の如く、大筋の見当はつきましても、細部の構造容易に解けませぬ。ただマラルメの弁証法プラトニズムは、アリストテレス、ハイデッガーの同一性論理を抜き、小生の思想を裏書きして呉れますので楽しみ極まりなく、判読も苦中に慰めを盛って居ります(3)」と、マラルメとの格闘における呻吟と愉楽を語っている。

往復書簡を読むかぎり、野上が、物語の主要な舞台の一つ、大徳寺について、(彼が長年京都に住まっていたこともあってか)田辺に色々と教えを乞うていたことが窺える(「私は相かわらず秀吉と利休で、加筆と直しをやっと終り、新しい場面に入りましたが、やがて利休が大徳寺に古渓和尚を訪ねるくだりになりそうでございます。この会話には先生の御教示を乞い度いものがさまざまありそうで、このくだりは入山の節にまた書き直しのつもりでございます(4)」)。あるいは、フィクションとリアリティの関係をめぐり、田辺があえて野上の見解に異を唱えたりもしている。(5)

しかし、利休とマラルメに関し、二人の間でどんな実質的なやりとりがなされ、場合によっては互いの労作に励む過程に影響を及ぼしあったかどうか、書簡からはこれ以上知ることができない。ましてや、二人の大学村での密やかな会話の中で、私たちがここまで論じてきたような「藝術2・0」や「GEIDO」に類するような話題が上ったかどうか、知る由もない。

野上は、利休の（架空の）三男・紀三郎になりかわり、利休の「離格」、「不作の作」の茶を、こう描写する。

いったい、あの不思議な力は、父のどこから湧きでるのか。ほんのささやかな非情無心のもののうちに、それが隠しもつたましひをひと眼で見つける。一片の竹、一枚の板つぺら、もうこはれかけたやうな器具のひとつでも、父の手がちよつと觸れることによつて、春の見えない息吹きが、木の枝をみづみづ芽ぶかせ花咲かせるに似て、ふたたびそれの可能性をひきだし、最上に美しいものへ蘇生《よみがへ》らせる。あの類《たぐひ》なく見事な點茶の秘密とても、そこにあるのだと紀三郎は信じた。またことさら茶事に備えてではなく、その日のこころ任せのしつらへで、獨り茶をたててゐる時の父に、それがことさら純粋にあらはれた。彼はただ、さらさらと手をはこばせる。それだけの、彼がそこに在つてさうしてゐるのみで、床の墨蹟も、花入れの一輪の花も、爐でさわやかに鳴つてゐる釜も、肩衝も、茶碗も、窓の四角なほの明るい障子さへもが、それぞれのいろや、形の底にひめた生命をひらき、月のまはりの夜空の星辰のやうに、彼をめぐつてゆるぎない調和と秩序の世界をつくりあげたよろこびに、しづかに浸りあつてゐるかのごとく見える。(6)

私たちははたしてここに、『双賽一擲』の遥かな余響を聴くことができるだろうか。

註

プロローグ

（1）高山岩男「田辺先生の想い出」、『哲學研究』、第四八九号、一九六四年、一六〇頁。
（2）田辺元「メメントモリ」、『死の哲学　田辺元哲学選Ⅳ』、藤田正勝編、岩波書店、二〇一〇年、一三―一七頁。
（3）田辺元「野上宛書簡」（一九六〇年五月七日）、『田辺元・野上弥生子往復書簡（下）』、竹田篤司・宇田健編、岩波書店、二〇一二年、二九二頁。
（4）田辺『死の哲学　田辺元哲学選Ⅳ』、六三―一一八頁。

第一章

（1）西周「百學連環」『西周全集　第4巻』、宗高書房、一九八一年、一五頁。
（2）同書、一二頁。
（3）美学者今道友信は、その著『美について』の「まえがき」で、担当編集者への謝辞に続いて、この事態について以下のように慨嘆している。「その御礼の気持が私の節を枉《ま》げさせて、前著同様、文部省の定めたいわゆる新かな遣いに文章を改める約束を致しました。漢字も、藝術のかわりに芸術としましたが、芸は本当は「ウン」という音《おん》の農業用語で「クサギル」と訓《よ》み、雑草を刈りとることです。したがって、「種子を植えつける」という原意の藝《げい》とは反対の意味を持つ字なのです。〔…〕「げいじゅつ」とは、人間の精神によい種子を植えつけるものだと思いますから、芸術ではなく藝術の方が、正しいばかりでなく、それこそ美しいと思いますが、致し方ありません。」（『美について』、講談社、一九七三年、五―六頁）。

（4）椹木野衣『震美術論』、美術出版社、二〇一七年、八―九頁。

（5）ステファヌ・マラルメ「書物、精神の楽器」、松室三郎訳、『マラルメ全集Ⅱ ディヴァガシオン他』、筑摩書房、一九八九年、二六三頁。

（6）以下、中川についての論考は、「PLAY ON, KYOTO」の際に収録されたインタビュー（その抜粋が「アートと工芸を〈たが〉で締める職人の創造性」としてウェブサイト「PLAY ON」に掲載されている https://playon.earth/think/interviews/nakagawasyuji/）、そして同企画で開催された公開ミーティング「PLAY ON #Meeting vol.04 桶職人中川周士さんを囲んで、藝術2・0あるいはGEIJUTSUを探求する公開会議」（二〇一七年一二月一七日）での中川の発言に基づいている。

（7）以下、「依り代」に関する考察は、「依り代」と題された中川自身の書いた「記事」を参考にした（https://note.mu/shujiworks/n/n7751a73d920e?fbclid=IwAR3kRXVuwKVmSkSaTmI7uwanFiq1kuauYKm41Umtmk6aEOWAVGtyRAMI-ms）。

（8）中川、前掲インタビュー。

第二章

(1) 小田部胤久『芸術の逆説　近代美学の成立』、東京大学出版会、二〇〇一年、一九頁。
(2) これまで説いてきたように、「近代」以前には私たちが了解しているような意味でのArtないしArtistは存在しないのであるが、以下の行論では、表現が煩瑣になるのを避けるために、そして私たちが参照する美学者小田部もまた近代的「芸術」概念が一八世紀に彫琢される過程を論ずるにあたり一貫して「芸術（家）」という呼称を使用していることから、ここでは便宜的に、未だ十全に近代的Art(ist)へと変容を遂げていない実践（者）をも「芸術（家）」と称すことにしたい。
(3) 小田部、前掲書、二二頁。
(4) 同書、四〇―四三頁。
(5) ノヴァーリス「モノローグ」、薗田宗人訳、『ドイツ・ロマン派全集 第九巻』、前川道介編、国書刊行会、一九八四年、一四五頁。
(6) ステファヌ・マラルメ「アンリ・カザリス宛書簡、一八六七年五月一四日」、松室三郎訳、『マラルメ全集Ⅳ 書簡Ⅰ』、筑摩書房、一九九一年、三二六―三二七頁。
(7) マラルメ「書物、精神の楽器」、二六三頁。
(8) こうしたArtの「自律性」の極限的な探究の傍らで、「他律的」とも言いうる創作がなされていたことも事実である。「写実主義・現実主義（realism）」、「自然主義（naturalism）」と、芸術史的に呼ばれる一連の作品群である。しかし、かくも深奥まで「自律性」を探究していたArtistたちにとっては、それらの作品は（「自律性」以外の点ではそれなりの評価を与えつつも）到底「Art」には見えなかった。例えば、マラルメが、自然主義の代表的な作家エミール・ゾラの小説について意見を求められ、返した両義的なコメントにうかがえる。「私はゾラに対して深い感嘆の念を抱いております。掛け値ないところを言えば、彼は文学的な要素は可能なかぎりすこししか用いず、そうやって彼がつくりあげたのは、真の文学というよりは、むしろ喚起力のつよい芸術なのです。なるほど彼は言葉を使っている、だがそれ以上ではない。それ以外は彼の驚異的な構成から発して、ただちに群衆の動き、私たちのすべてがその肌理を愛撫した、あのナナの肌、――そうしたすべてが非凡な淡彩画として描かれている、これこそまさしく感嘆すべき構成力の作品であります！　だが文学には、これよりも知的な何かがある。言いかえれば、事物はすでに存在しており、私たちは事物を創造するまでもない。私たちはその事物間の関係を捉えさえすればいい。そして、これらの関係の糸こそ、詩句と管弦楽とをかたちづくるのです。」（傍点筆者）（「文学の進展について――ジュール・ユレのアンケート」、『マラルメ全集Ⅲ　言語・書物・最新流行』、筑摩書房、一九九八年、四九五頁。）

（9）　より正確に言えば、ロシアは、ヨーロッパの「辺境」であったがゆえに、社会がほとんど資本主義化されることなく、帝政から一挙に共産主義化へと向かった。したがって、ここでいう「資本主義社会の超克から共産主義社会の実現へ」とは、マルクス主義的唯物史観が抱懐した人類史的次序としてのそれを意味する。

（10）　ダヴィッド・ブルリューク「キュビズム」（水野忠夫『ロシア・アヴァンギャルド』、パルコ出版、一九八五年、五〇頁参照。）

（11）　ウラジーミル・マヤコフスキイ「芸術軍への指令」、『コミューンの芸術』、一九一八年一二月七日号（水野、同書、一〇七―一〇八頁参照）。

（12）constructivism は、通常芸術史において「構成主義」と訳されるが、以上の文脈からすれば、誤訳と言わないまでも、社会・公共の場における「造形」「構築」さらには「建築」までをも含意するがゆえに、「構築主義」とでも訳す方が妥当と思われる。

（13）ジャン＝フランソワ・リオタール『ポスト・モダンの条件』、水声社、一九八九年。

（14）Gianni Vattimo, *La fin de la modernité*, Paris, Seuil, 1987, pp.55–68.

（15）The Contemporary Art Market Report 2017
https://www.artprice.com/artprice-reports/the-contemporary-art-market-report-2017。
なお、引用文は、『共同通信ＰＲワイヤー』掲載の同報告書に関する記事からの引用(https://prw.kyodonews.jp/opn/release/201709286225/)。

（16）椹木野衣『反アート入門』、幻冬舎、二〇一〇年、一九四―一九五頁。

（17）前掲の Artprice の二〇一七年年次報告書。

（18）椹木、前掲書、二四〇―三〇五頁。

（19）矢代幸雄『水墨画』、岩波書店、一九六九年。

第三章

（1）小倉ヒラク『発酵文化人類学』、木楽舎、二〇一七年、九一―九二頁。

（2）熊倉敬聡『瞑想とギフトエコノミー』、サンガ、二〇一四年。

（3）以下、広義と狭義の「発酵」をめぐる論は、小倉の前掲書一五八―一七四頁による。

（4）小倉、前掲書、七八頁。

（5）クロード・レヴィ＝ストロース『野生の思考』、大橋保夫訳、みすず書房、一九七六年、二八〇—二八三頁。

（6）T.G.H.Strehlow, *Aranda Traditions*, Melbourne, 1947, pp.34-35（レヴィ＝ストロース、前掲書、二八二頁から引用）。

（7）前掲ウェブサイト『PLAY ON』https://playon.earth/think/dailogues/ogurahiraku/。

（8）椹木野衣『日本・現代・美術』、新潮社、一九九八年。

（9）東浩紀『動物化するポストモダン』、講談社現代新書、二〇〇一年。

第四章

（1）「still moving（PARASOPHIA：京都国際現代芸術祭 特別連携プログラム／京芸Transmit Program #6（京都市立芸術大学移転プレ事業）の一環として行われた。（会期：二〇一五年三月七日—五月一〇日）

（2）かつて私は、カフェの「脱資本主義的」可能性について論じたことがある。「カフェは〈脱資本主義〉的文化の温床たりえるか?」（熊倉敬聡『美学特殊C』、慶應義塾大学出版会、二〇〇三年、九六—一〇六頁）。

（3）ダムタイプについての、私の代表的な論考として以下がある。「ダムタイプ——愛＝交通としての身体へ」（熊倉敬聡『脱芸術／脱資本主義論』、慶應義塾大学出版会、二〇〇〇年、一〇〇—一一八頁）、「ダムタイプ、二つの『memorandum』——それは、我々に投げかけられた問いなのか?」（熊倉『美学特殊C』、一五九—一七一頁）。一昨年、『S／N』を中心としたダムタイプについての国際的論集が出版された。*The Dumb Type Reader*, edited by Peter Eckersall, Edward Scheer and Fujii Shintaro (Copenhagen:

Museum Tusculanum Press, 2017). なお、私の後者の論も収録された（"Two Memoranda: Was That a Question Thrown to Us?", pp.179–187.)

（4）「通常の価値観でいえば、それは単なる〝下手〟とか呼ばれるものですが僕は一層そこを注意深く見つめたい。そんな自分勝手なノイズを見せられる観客もたまったものじゃないですが、でもそんなノイズを人様にお見せできるような〝モノ〟にする」（西堂行人「古橋悌二にきく」における古橋の発言。『第1回神奈川芸術フェスティバル コンテンポラリー アーツ シリーズ』パンフレット、神奈川芸術文化財団、一九九四年）。

（5）『review』、六号、一九九六年一月。

（6）「もう一つのカフェの可能性――バザール・カフェ」、熊倉『美学特殊C』、一〇七―一二四頁。

（7）『Artscape』、二〇〇〇年七月三一日号、http://www.dnp.co.jp/museum/nmp/artscape/special/0007/artcafe/taiwa_1.html

（8）フランス語「exposition」は、通常の用法では「展示・展覧」「露呈・露出」などを意味するが、ナンシーは、「-」を挟むことにより単語をその成り立ちに解体しつつ、存在者が自らをたえず自らの「外（ex）」に「置く（position）」＝「さらす」ことでしか実存しえない、そして他者へと開かれえない様をこう表現した。

（9）小山田徹、桜井肖典、熊倉敬聡「プリミティブな感覚から生み出されてきた術は言語を越えて交換できる」、『PLAY ON』、https://playon.earth/think/dailogues/koyamadatoru/

（10）同前。

（11）同前。

（12）小山田徹「迎え火考」（『ネットＴＡＭ』、「震災復興におけるアートの可能性 第6回 女川常夜灯『迎え火プロジェクト』」所収）、https://www.nettam.jp/society/fukkou/6/?utm_source=internal&utm_medium=website&utm_campaign=author

（13）小山田徹「対話をし続けること 共有空間の獲得」（『生きることが光になる』、http://100.itogazaidan.jp/report/report_8）

（14）小山田「迎え火考」。

（15）Ｊ・Ｇ・フレイザー『火の起源の神話』、青江舜二郎訳、ちくま学芸文庫、二〇〇九年、一二頁。

（16）リチャード・ランガム『火の賜物』、依田卓巳訳、ＮＴＴ出版、二〇一〇年、三頁。

（17）スティーヴン・Ｊ・パイン『図説 火と人間の歴史』、鎌田浩毅監修、生島緑訳、原書房、二〇一四年、二二—二三頁。以下、火と人類の関係については、主に同書のプロローグ「三つの火」と第1章「燃焼を創造する」を参考にした。

（18）同書、九頁。

（19）小山田、桜井、熊倉「プリミティブな感覚から生み出されてきた術は言語を越えて交換できる」

（20）彼は、洞窟探検グループ「Com-pass Caving Unit」のメンバーであり、日本洞窟学会会員でもある。

（21）小山田徹、坂本公成、座談会「空間は制度をつくるか？ オルタナティブとパブリック」（『KAB Dialogue vol.17：インスタレーションの実験場から、場の共有に向けて』、http://kyoto-artbox.jp/dialogue/13027/）

第五章

（1） 川俣正、ニコラス・ペーリー、熊倉敬聡編『Practica〈1〉セルフ・エデュケーション時代』、フィルムアート社、二〇〇一年。

（2） 慶應義塾大学教養研究センター・シンポジウム「身体知を核とした教養教育の将来」（二〇〇三年）など、特に上記研究センターにおいて、大学の教養教育における「身体知」をめぐり、同志とともに数多くの研究、授業を企画・実践した。

（3） 註2に挙げた、身体知に関するある実験授業に招いた井上ウィマラの勧めで、ヴィパッサナー瞑想を始めた。詳しくは拙著『汎瞑想』（慶應義塾大学出版会、二〇一二年）を参照されたい。

（4） 武山政直「あわいを求めて」（熊倉敬聡・望月良一・長田進・坂倉杏介・岡原正幸・手塚千鶴子・武山政直編著『黒板とワイン――もう一つの学び場「三田の家」』、二〇一〇年、慶應義塾大学出版会、一九八―二一一頁）。なお、同書には、三田の家に関する（といっても二〇一〇年までだが）詳細な記録、（以下に紹介する）各「マスター」、「メンバー」そしてスタッフによる論考が収録されている。ぜひ、参照されたい。

（5） 坂倉杏介「創造的な欠如をめぐって」（同書、七八―一〇二頁）。

（6） 正式には、文部科学省「私立大学学術研究高度化推進事業：学術フロンティア推進事業」に選定された「超表象デジタル研究センター」の一環である「インター・キャンパスの創出による多文化共生の可能性」（二〇〇一年度―二〇〇四年度）として行われ、その後、同学術フロンティア推進事業「超表象デジタル研究」の一研究グループ「インター・キャンパス構築」に受け継がれた（二〇〇五年度―二〇〇七年度）。

（7）矢野智司『贈与と交換の教育学——漱石、賢治と純粋贈与のレッスン』、東京大学出版会、二〇〇八年、一八頁。

（8）同書、一九頁。なお、引用文中の「ほんたうは何か」という問いは、宮沢賢治『銀河鉄道の夜』の冒頭で、「先生」が生徒たちに向かって投げかける問いである。『ではみなさんは、さういふふうに川だと云はれたり、乳の流れたあとだと云はれたりしてゐたこのぼんやりと白いものがほんたうは何かご承知ですか。』先生は、黒板に吊した大きな黒い星座の図の、上から下へ白くけぶった銀河帯のやうなところを指しながら、みんなに問をかけました。」

（9）同書、三六頁。

（10）フランス語の jeu という名詞は、「遊び・戯れ」を意味するとともに「賭け」をも意味する。

（11）北野諒「ACOP—対話型鑑賞についての基礎的考察：共同体—外的学びへの試論」、『二〇一一年度アート・コミュニケーションプロジェクト報告書』、京都造形芸術大学アート・コミュニケーション研究センター、二〇一二年、四七ページ。

（12）同書、四八ページ。

（13）以下、田辺の「死の哲学」についての記述は、「メメント・モリ」（『死の哲学　田辺元哲学選Ⅳ』、一一—二九頁）による。

（14）田辺元「野上宛書簡」（一九五七年五月一二日）、『田辺元・野上弥生子往復書簡（下）』、一三二頁。

（15）原題『Un coup de dés jamais n'abolira le hasard（骰子一擲は決して偶然を廃棄すまい）』。慣例的には『骰子一擲』と呼ばれる作品だが、本論では田辺の表記にならって一貫して『双賽一擲』と記す。なお、『マラルメ全集I』（筑摩書房、二〇一〇年）では、『賽の一振り』（清水徹訳）と訳されている。
(16) 田辺元「マラルメ覚書」、『死の哲学　田辺元哲学選IV』、六五頁。
(17) 同書、七〇頁。
(18) 同書、二〇九頁。
(19) 同書、一四八―一四九頁。
(20) 「サードプレイスコレクション二〇一〇新たな学びと成長の場をさぐる」(http://www.nakahara-lab.net/2010/02/2010_4.html)。
(21) レイ・オルデンバーグ『サードプレイス』、忠平美幸訳、みすず書房、二〇一三年、七八頁。
(22) ジャック・デリダ『歓待について』、廣瀬浩司訳、産業図書、一九九九年、六四頁。
(23) 同書、九八頁。
(24) 同書、一〇〇頁。
(25) ジャック・デリダ『ならず者たち』、鵜飼哲・高橋哲哉訳、みすず書房、二〇〇九年、一二九頁。
(26) 同書、一三一頁。
(27) 同書、一三三―一三四頁。
(28) 同書、二一〇―二一一頁。
(29) 同書、二一九頁。
(30) 同所。
(31) ジャック・ランシエール「民主主義は何かを意味するのか」、『来たるべきデリダ　連

続講演「追悼デリダ」の記録』、藤本一勇監訳、澤里岳史・茂野玲訳、明石書店、二〇〇七年、一四六―一四七頁。
(32) 同書、一五八頁。
(33) プラトン『法律(上)』、森進一・池田美恵・加来彰俊訳、岩波書店、一九九三年、一八九頁。
(34) ジャック・ランシエール『民主主義への憎悪』、松葉祥一訳、インスクリプト、二〇〇八年、五六―五七頁。
(35) 同書、五七頁。

第六章

(1) アズワンネットワーク「サイエンズメソッド~理念と方法:サイエンズとは」(http://as-one.main.jp/HP/scienz_method.html)。
(2) とはいえ、アズワンセミナー、そしておそらくサイエンズメソッドそれ自体は、逆に「心」にフォーカスするあまり、「体」あるいは「感覚」の探究がおろそかにされているようにも感じた。セミナー中、探究はずっと畳に座椅子で座りながら行うが、一〇時間も座り続けると、皆姿勢もだらしなくなりがちで、体・健康にも良くないように感じた。メソッドとして今のところ「心」の探究に重点が置かれているが、人間はやはり「心」とともに「体」でもできているので、「心」と同時に「体」の探究も含み込んだよりホリスティックなプログラムを開発することが今後の課題とも思えた。
(3) アズワンネットワークHP(http://as-one.main.jp/HP/index.html)から。

（4）片山弘子「都市における一つの家計経済」(http://as-one.main.jp/sb/log/eid958.html)。
（5）アズワンネットワーク「サイエンズメソッド～理念と方法：サイエンズとは」。
（6）アズワンとヤマギシ会との関係についての考察は、別の機会に譲りたい。
（7）C・G・ユング『個性化とマンダラ』、林道義訳、一九九一年、みすず書房、一七九頁。
（8）ミルチャ・エリアーデ『イメージとシンボル』、前田耕作訳、一九七一年、せりか書房、五四頁。
（9）同書、五五頁。
（10）河合隼雄『中空構造日本の深層』、一九九九年、中央公論新社、三四頁。
（11）同書、四一頁。
（12）同書、四六―四七頁。
（13）同書、四八頁。
（14）同書、六一―六二頁。
（15）同書、五八頁。

第七章

（1）https://www.jp.dhamma.org/ja/reference/what-is-vipassana/
（2）熊倉敬聡『汎瞑想』（慶應義塾大学出版会、二〇一二年）の第二章「ヴィパッサナー瞑想」を参照されたい。
（3）ティク・ナット・ハン『あなたに平和が訪れる禅的生活のすすめ』、塩原通緒訳、アスペクト、二〇〇五年、一一―一二頁。
（4）前掲書、第三章「プラム・ヴィレッジ：汎瞑想を実践するコミュニティ」参照。
（5）筆者が藤田に行ったインタビュー（二〇一八年一一月八日、葉山町茅山荘）による。
（6）藤田一照『現代坐禅講義』、佼成出版社、二〇一二年、一二頁。
（7）同書、一八―一九頁。
（8）同書、二四頁。
（9）同書、四九頁。
（10）同書、六二頁。
（11）同書、一六三頁。
（12）同書、二二三頁。
（13）同書、二三三頁。
（14）同書、二二六頁。
（15）同書、三〇七頁。
（16）同書、三一八頁。
（17）同書、三九一頁。
（18）藤田一照、魚川祐司『感じて、ゆるす仏教』、角川書店、二〇一八年、Kindle版、位置No.2409–2411。
（19）同書、位置No.2420–2422。
（20）以下、「二」の内容は、主に同書の第一章「感じて、ゆるす」に基づく。
（21）矢野、前掲書、一九頁。
（22）藤田、魚川、前掲書、位置No.3022–3024。

(23) 同書、位置No.3060。
(24) 『鈴木大拙全集』〔増補新版〕第一三巻、岩波書店、二〇〇〇年、四六四頁。
(25) 藤田・魚川、前掲書、位置No.3213–3214。
(26) 「だから、仏教の用語をこういう形でボディワークの言葉に翻訳がうまくできれば、もう少し普通の人にも実感としてわかるような、あるいはもうちょっと具体的な、現場で『ああ、あのことだ』と言えるような、もう少し具体性を持ったものとして理解できるようになるのではないかなと思うんですね。」、『身心脱落としての坐禅〜からだの力みを手放して坐る〜ボディワークから坐禅へ』、曹洞宗北信越管区教化センター平成二六年度「北信越管区教化研修会」（教化セミナー）講演録、二〇一四年一二月、三四頁。）
(27) 「仏教用語の使い回しではなく、日常語と英語を交えて、内輪にいるとジャーゴン（専門・業界用語）だけで通じてしまう。ジャーゴンを使えない人たちに、どのように仏教の考え方を伝えるか」（私が藤田に試みた前掲のインタビューでの藤田の発言）。
(28) 小倉、前掲書、一七二頁。
(29) 藤田、魚川、前掲書、位置No.2694–2697。
(30) 藤田『現代坐禅講義』、四三三頁。
(31) 藤田『身心脱落としての坐禅』、三三頁。
(32) 藤田一照・永井均・山下良道『〈仏教3・0〉を哲学する』、春秋社、二〇一六年。
(33) 藤田、魚川、前掲書、位置No.2053–2055。

第八章

（1）熊倉、前掲書。
（2）フェリックス・ガタリ『三つのエコロジー』、杉村昌昭訳、大村書店、一九九七年。
（3）熊倉、前掲書、一一五頁。
（4）久松真一『茶道の哲学』、講談社、一九八七年、一五頁。
（5）同書、一六頁。
（6）同書、一九頁。
（7）同書、四六―四七頁。
（8）同書、二一頁。
（9）赤瀬川原平『千利休　無言の前衛』、岩波書店、一九九〇年、三一―三三頁。
（10）同書、五〇―五一頁。
（11）久松、前掲書、二三頁。
（12）同書、二四―二五頁。
（13）同書、二八頁。
（14）『増補　久松真一著作集　第五巻』、一九九五年、法藏館、四六一―四六九頁。
（15）同書、四六一頁。
（16）「芸術が生起するとき、すなわち原初が存在するときには、いつでも、或る衝撃［Stoß］が歴史の内に到来し、歴史がはじめて、あるいは再び原初する。ここで言う歴史とは、それがどれほど重大なものであれ、時間の内で生じる何らかの事件の連続ではない。歴史とはある民族を、その民族に備わっているもの［Mitgegebenes］の内へと移し入れることとして、その民族に課せられたもの［Aufgegebenes］の内へと連れ出すことである。」（マルティン・ハイデッガー『芸術作品の根源』、関口浩訳、平凡社、二〇〇八年、一二七―一二八頁）。「真理がそれによって開示された存在するものの内にそれ自体を整え入れる本質的な仕方の一つは、真理が〈それ自体を‐作品の‐内へと‐据えること〉である。真理がその本質を発揮するもう一つ別の仕方は、国家建設の行為である。」（同書、九九頁）。

(17) 倉沢行洋『増補　藝道の哲学　宗教と藝の相即』、大阪東方出版、一九八七年。

(18) 倉澤行洋「解説　禅と茶と藝術と」（久松真一『藝術と茶の哲学』、京都哲学撰書第二十九巻、燈影舎、二〇〇三年、三七三―四一七頁）。

(19) 同書、四一一頁。

(20) 同書、四一四頁。

(21) 同書、四一六頁。

(22) 倉沢『増補　藝道の哲学』、九三頁。

(23) 同書、九四―九五頁。

第九章

(1) 『現代語訳　老子』、保立道久訳、筑摩 eBooks、二〇一八年、Kindle No.2142-2149。（現代語訳：「物が混沌とした渦のように天地よりも先に生じていた。周囲はまったくの寂寥《せきりょう》である。独立して他に依存せず、ゆったりと周《まわ》って危なげがない。それは天地を生む巨大な母のようである。私は、この原初の混沌たる物を正しく名づけることはできないので「道《みち》」と呼ぶことにする。強いて名をあたえれば「大（無限）」であろうか。この「大」が筮《きざし》（兆）によって軌道を描きはじめ、遠くまで逝《ゆ》き、遠くから反《かえ》ってくる。つまり「道」は「大（無限）」であり、それが描き出した天も無限大であり、地も無限大であって、それを一望の下にする王も、やはり無限大である。私たちの棲《す》むこの宙域《ちゅういき》は、この四つの無限大からなっており、王はその一極を占めるのである。人はみな王であるから地を法とし、地は天を法とし、天は道を法とする。そして道は自然の運命の法である。」No.2128–2136)

（2）倉澤「解説　禅と茶と藝術と」、四一四頁。

（3）「しかし、利休が南坊宗啓に『思ハシト思フモ物ヲ思フ也思ハジトダニ思ハジヤ君』という古歌を引いて説いたように、また『カノカネヲワスレ、事ヲワスレタク思フ内ハワスレガタク』、『打成一片ニ修行シモテ行』くうちに『ツキニ忘ルル境ニ入』るのが、真の忘れる境地である（『南方録』滅後）。これは忘・不忘をこえた妙忘であり、思・不思をこえ、思うまいとさえ思わぬ真の無心であり、ナイーブな無作でもなく、意識的な有作でもなく、両者をこえた真の無作である。『臨済録』に、『但造作《ただぞうさ》すること莫《なか》れ、祇《ただ》是れ平常也』とあるが、これは無作の妙用をいっているのであり、往々俗解されるようなナイーブな無作を意味しない。山上宗二が侘数寄の三ヶ条の一つとしてとりあげている「作分」というのは無作の作である。」（久松真一『わびの茶道』、一燈園燈影舎、一九八七年、三八―三九頁。）

（4）『利休聞き書き「南方録　覚書」』、筒井紘一全訳注、講談社、二〇一六年、五八頁。

（5）岡倉天心『新訳　茶の本』、大久保喬樹訳、KADOKAWA、二〇〇五年、一三五頁。

（6）小倉・熊倉・楊木「OSとしてのアートが発酵文化をさらに『スペシャル』にする」

（7）小倉『発酵文化人類学』、三三二頁。
（8）同書、三三六頁。
（9）マラルメ「アンリ・カザリス宛書簡、一八六七年五月一四日」、三二六―三二七頁。
（10）ヴァルター・ベンヤミン『ヴァルター・ベンヤミン著作集2　複製技術時代の芸術』、高木久雄・高原宏平訳、晶文社、一九七〇年、四四―四七頁。
（11）『青幻舎マガジン vol.19「先人たちの心を受け継ぎ　いまに接続する茶の湯を。」』、http://www.seigensha.com/magazine/kyotokyoten19
（12）久松『藝術と茶の哲学』、一一一―一一四頁。
（13）赤瀬川『千利休　無言の前衛』、一一二頁。
（14）ユング『個性化とマンダラ』、一七九頁。
（15）エリアーデ『イメージとシンボル』、五四頁。
（16）河合『中空構造日本の深層』、四一頁。
（17）同書、四八頁。
（18）小山田「対話をし続けること　共有空間の獲得」。
（19）岡倉、前掲書、一七―一八頁。
（20）久松『茶道の哲学』、一九七頁。
（21）同書、二〇三頁。

エピローグ

（1）野上「田辺宛書簡」（一九六〇年一月一九日）、二七〇頁。

（2）野上「田辺宛書簡」（一九五九年四月一五日）、同書、二四六頁。
（3）田辺「野上宛書簡」（一九五九年四月二日）、同書、二四五頁。
（4）野上「田辺宛書簡」（一九六〇年二月一五日）、同書、二七八頁。
（5）「私のはフィクションであり、人のこころがいかに二重にも三重にも働くか、われであってわれでなく、彼であって彼でない生き方の追求を主題にいたし度いので、朝鮮征伐などはどうでもよいわけでありますが、しかしそうと知ればやっぱりそれが調べて見度くなります。これはフィクションはもっともリアルなものの積み重ねから構成されなければならないと信ずるためでもございます。」（野上「田辺宛書簡」、一九五九年二月二〇日、同書、二三四頁）。
「ただ御手紙に御書きになりました、フィクションはもっともリアルなものの積重ねから構成されるという御考、一応御道理と存ぜられますが、同時に積み重ねから構成せられます過程に於ては、もはや作家に対しフィクション（虚構）という自覚はあるべきでなく、現実のリヤリティより一層高い真実（リヤリティ）の探求でなければなるまい、奥様の御作に失礼ながら漂う如く感ぜらるる主観の恣意性、技巧性〔…〕の由来する所ここにあるのではないか、という疑問を抑えかねます。」（田辺「野上宛書簡」、一九五九年二月二三日、同書、二三七―二三八頁）。
（6）野上弥生子『秀吉と利休』、中央公論社、一九六四年、一一九頁。

おわりに

藝術2・0を探し求めた旅は、こうして、とりあえずの目的地に辿り着いた。しかし、それはあくまでとりあえずであって、私はまたしばらくのち、新しい旅に出なくてはならない。いやすでに出たい欲望に駆られている。自らも、論じるだけでなく、実際に藝術2・0＝GEIDOをささやかでも実践したいという思いに駆られている。

陶々舎の、特に天江大陸と、（茶の教えを請いつつも）いびつなVたちを招き、いびつな〇を遊ぶ「円遊の会」（仮称）なるものを始めている。茶道を、現代の、マックもありPerfumeもいる文脈で、いかに開き、「綜合的」かどうかわからぬが、「新生活様式」を創造しえるか、いびつなVたちが各々の「OSとしてのアート」を持ち寄り、古今東西の「型」を破格しつつ、〈いのち〉へと、〈道《タオ》〉へと、「物足りなくて」もいいから「無相なる自己」を捧げていく。これから、どんな展開をしていくか、大変楽しみである。

この旅の途上、本当に多くの、出発時には全く予想だにしなかった、偶然の、でもおそらくは無意識の中では必然的に「仕組まれて」いたかもしれない、出逢い、遭遇があった。その最たるものの一つが、田辺と野上——田辺が『双賽一擲』と格闘しているちょうどその時、野上が『秀吉と利休』を執筆していたことだった。執筆を進める途中で、はたと、青天の霹靂のごとく、気づいたのだった。それは、身震いするほどの「因縁」——おそらくはこの「因縁」が私をしてこの論を書かしめたと思わせるほど、運命的な遭遇であった。

他にも、この「因縁」からおそらくは派生した多くの出逢い、照応、響きあいが、この書には蔵されている。私がまだ気づいていないものも潜んでいるかもしれない。それらに導かれ、なんとかここまで漕ぎつけた。

それらの因縁、出逢いとは、言い換えれば、縁起している生者たち、そして死者たちが、私の中で「死復活」してくれているのかもしれない。彼らの「絶対無即愛」が投じられ、賭けられ、私の中で「時熟」し、「発酵」し、蘇っただけかもしれない。彼らの「実存協同」が、この書をあらしめてくれたかもしれない。

そうした生者たち死者たちも含めて、この旅の途上、そしておそらくは旅に出る前から、本当に多くの人たちのお世話になった。私の意識が及ばない人たちもいるはずだから、到底ここに全ての人の名前を挙げることはできない。でも、この人たちと出逢っていなければ、そもそもこの書=旅が不可能だった、その人たちの名前だけでも挙げておきたい。

まず、多忙を極めているにもかかわらず、私の問いに快く応じて下さった中川周士さん、小倉ヒラクさん、藤田一照さん、小山田徹さんに、心からお礼を申し上げたい。

次に、「はじめに」にも書いたように、そもそも私が「藝術２・０」の着想を抱くきっかけを与えてくれた「PLAY ON, KYOTO」のチーム、桜井肖典さん、風間美穂さん、川那辺香乃さん、曽緋蘭さん、前田展広さん、兼松佳宏さんに深く感謝したい。

そして、何よりも、その桜井さんが紹介してくれ、本書の元となった『web春秋はるとあき』での連載『GEIJUTSU論――藝術２・０を探る思考の旅』及びその書籍化を担当してくれた春秋社編集部の楊木希さん、そして彼女の担当を引き継いでくれた中川航さんに特別な感謝を捧げたい。お二人が、一年余り、この無謀ともいえる旅に丁寧に同伴してくれたおかげで、なんとかここまで辿りつけた。

最後に、こんな無謀な旅をしつづける夫・父を静かに見守り、時には愛らしい笑顔で気を晴らしてくれた三人の娘、百香、明日香、和香、そして妻の聖子に、改めて「ありがとう」と言いたい。

二〇一九年三月

熊倉敬聡

著者略歴

熊倉敬聡　（くまくら　たかあき）

1959年生まれ。パリ第7大学博士課程修了（文学博士）。元慶應義塾大学教授、元京都造形芸術大学教授。フランス文学・思想、特に詩人ステファヌ・マラルメの〈経済学〉を研究後、現代アートやダンスに関する研究・批評・実践等を行う。大学を地域・社会へと開く新しい学び場「三田の家」、社会変革の"道場"こと「Impact Hub Kyoto」などの立ち上げ・運営に携わる。主な著作に『瞑想とギフトエコノミー』（サンガ）、『汎瞑想』、『美学特殊C』、『脱芸術／脱資本主義論』（以上、慶應義塾大学出版会）などがある。
http://ourslab.wixsite.com/ours

藝術2.0

2019年5月30日　初版第1刷発行

著者――――熊倉敬聡
発行者――――神田　明
発行所――――株式会社 **春秋社**
〒101-0021 東京都千代田区外神田2-18-6
電話 03-3255-9611
振替 00180-6-24861
http://www.shunjusha.co.jp/
印刷・製本――――萩原印刷 株式会社
装幀――――伊藤滋章

Printed in Japan, Shunjusha.
ISBN978-4-393-33372-3
定価はカバー等に表示してあります